Wohnen
im Eigentum
7. Auflage

Die richtige
Wohnung
finden

Kauf und
Finanzierung

Ihre Rechte
als Eigentümer

Verein für Konsumenteninformation (Hrsg.)
Martin Gruber

Wohnen im Eigentum

7. Auflage

Impressum

Herausgeber
Verein für Konsumenteninformation (VKI)
Linke Wienzeile 18, 1060 Wien
ZVR-Zahl 389759993
Tel. 01 588 77-0, Fax 01 588 77-73, E-Mail: konsument@vki.at
www.vki.at | www.konsument.at

Geschäftsführer
Mag. (FH) Wolfgang Herman

Autor
Martin Gruber

Produktion
Günter Hoy

Lektorat
Edwin Würth
Doris Vajasdi

Foto Umschlag
Begsteiger

Druck
Holzhausen Druck GmbH,
2120 Wolkersdorf

Stand
Mai 2022

Wir sind bemüht, so weit wie möglich geschlechtsneutrale Formulierungen zu verwenden. Wo uns dies nicht gelingt, gelten die entsprechenden Begriffe im Sinne der Gleichbehandlung grundsätzlich für beide Geschlechter.

Bibliografische Information der Deutschen Nationalbibliothek
Die Deutsche Nationalbibliothek verzeichnet diese Publikation in der Deutschen Nationalbibliografie; detaillierte bibliografische Daten sind im Internet über <http://dnb.dnb.de> abrufbar.

Verein für
Konsumenteninformation
ISBN 978-3-99013-109-1

€ 25,–

Zu diesem Buch

Sie haben sich festgelegt: Schluss mit dem ewigen Miete zahlen. Sie möchten sich eine Eigentumswohnung kaufen. Dann fallen monatlich nur die Betriebskosten an und Sie können sich zurücklehnen. Sie studieren die Anzeigenseiten verschiedener Zeitungen und die Prospekte großer Wohnbaugenossenschaften. Beim Blick auf die verlangten Preise wird Ihnen schwindlig. Ein Kredit muss her! Nach einem Gespräch mit Ihrem Finanzberater gibt die Bank grünes Licht. Sie nehmen das Geld und kaufen sich Ihre Traumwohnung. Ende gut, alles gut? Wenn Sie Glück haben, ja. Wenn Sie Pech haben, stehen Sie im schlimmsten Fall nicht nur ohne Geld, sondern auch ohne Wohnung da.

Der Traum von den eigenen vier Wänden ist so gut wie immer ein teurer. Ein Haus- oder Wohnungskauf gehört zu den finanziell aufwendigsten Rechtsgeschäften. Die Entscheidung dafür beeinflusst die Lebensqualität ganzer Familien über Jahre hinaus. Haben Sie nicht zufällig einen Lotto-Sechser gelandet, werden Sie sehr sorgfältig planen müssen, um über die Runden zu kommen.

Selbst wenn es mit der Finanzierung problemlos klappt, ist der Weg bis zur Grundbucheintragung langwierig. In den Verträgen, die Sie abschließen, lauern oft Stolpersteine. Je besser Sie hier Bescheid wissen, desto effizienter können Sie verhandeln.

Als glücklicher Eigentümer haben Sie eine Menge Rechte, aber auch Pfl chten. Damit Ihre Mitbestimmungsmöglichkeiten nicht nur auf dem Papier bestehen, brauchen Sie einen Überblick darüber, wie die Beschlussfassung innerhalb der Eigentümergemeinschaft funktioniert. Und wie Sie im Fall des Falles gegen eine Entscheidung, die Ihnen nicht gefällt, vorgehen.

Selbstverständlich haben wir in die Neuauflage unseres bewährten Klassikers die aktuelle Rechtslage eingearbeitet.

Ihr KONSUMENT-Team

Inhalt

Grundlagen und Begriffe

Nicht jede Wohnung, die als Eigentumswohnung angepriesen wird, ist auch eine.

Das Wohnungseigentum (WE)

Der Begriff „Eigentumswohnung" wird auf dem Wohnungsmarkt für ganz unterschiedliche Wohnungstypen verwendet. Oft als Verkaufsschlager in irreführender Weise, da Wohnungseigentum im allgemeinen Verständnis sehr positiv bewertet ist. Zunächst daher eine Erklärung der grundlegenden Begriffe, wie sie in diesem Buch verwendet werden.

Der Eigentümer eines Gebäudes ist praktisch immer auch der Eigentümer des Grundstückes, auf dem das Haus steht (eine Ausnahme sind sogenannte Überbauten oder Superädifikate). Das Eigentum an einem Gebäude wird daher immer nur gemeinsam mit dem Eigentum am Grundstück durch Kauf, Schenkung und Ähnliches übertragen.

Alleineigentum und Miteigentum

Eine Liegenschaft kann sowohl im Alleineigentum einer Person als auch im Miteigentum mehrerer Personen stehen. Dieses Eigentum zwischen Miteigentümern ist nach Bruchteilen aufgeteilt. Das heißt, jeder Miteigentümer hat nach sogenannten ideellen Anteilen Eigentum an der gesamten Liegenschaft und den darauf befindlichen Gebäuden. Damit stehen aber keine realen Anteile im Haus zur Verfügung wie etwa ein Stockwerk oder eine bestimmte Wohnung. Um eine Aufteilung der Gebäudenutzung herbeizuführen, bedarf es einer Benützungsregelung (Benützungsvereinbarung) zwischen sämtlichen Miteigentümern. Solche Vereinbarungen führen oft zu Streitigkeiten zwischen den Miteigentümern. Sie gehen nur dann auf einen Rechtsnachfolger (z.B. einen Käufer) über, wenn sie im Grundbuch angemerkt sind. Das Wohnungseigentum ist eine gesetzlich besonders geregelte Form der Benützungsvereinbarung

Ideelle Anteile und reale Nutzung

Gewöhnlich hat eine Sache nur einen einzigen Eigentümer. Bei Liegenschaften ist das oft anders. So hat z.B. Frau Novak an einer Liegenschaft in Niederösterreich einen 2/3-Anteil, ihr Sohn Herbert einen 1/3-Anteil. Nach ideellen Anteilen sind beide Anteilseigner Miteigentümer der Liegenschaft in deren Gesamtheit. Für die konkrete Nutzung der Liegenschaft haben die beiden Folgendes vereinbart: Frau Novak darf sämtliche Wohnräume und den Garten nutzen, Herbert nur den Keller (als Werkstatt). Die laufenden Kosten (Grundbesitzabgaben und Versicherung) trägt Frau Novak allein.

Nur das Grundbuch zählt

Achtung: Wohnungseigentümer sind Sie erst, wenn Sie nicht nur einen Wohnungseigentumsvertrag, also eine Vereinbarung zwischen den Miteigentümern abgeschlossen haben, sondern dieser Vertrag auch im Grundbuch eingetragen ist.

zwischen den Miteigentümern einer Liegenschaft. Mit jedem einzelnen Miteigentumsanteil wird das Nutzungsrecht an einem bestimmten Objekt, z.B. einer Wohnung oder einer Geschäftsräumlichkeit, verbunden. Gleichzeitig werden auch die Rechte und Pflichten der Miteigentümer festgelegt. Es ist ein besonders starkes Recht, weil es im Grundbuch eingetragen wird (dingliches Recht). Die gesetzlichen Regelungen sind im Wohnungseigentumsgesetz (WEG) enthalten.

Wohnungseigentum wird im Grundbuch eingetragen und ist daher ein besonders starkes Recht

Begründung von Wohnungseigentum

Soll an einer Liegenschaft erstmals Wohnungseigentum begründet werden, so ist zwingend an allen wohnungseigentumstauglichen Objekten (nach Ausstattung und Widmung) dieser Liegenschaft Wohnungseigentum zu begründen. Damit soll die Entstehung neuer sogenannter Mischhäuser verhindert werden. Als wohnungseigentumstaugliche Objekte zählen:

Selbstständige Wohnungen, unabhängig von ihrer Ausstattung. Unter einer selbstständigen Wohnung versteht man eine Wohnung, die einen eigenen Eingang vom Hausflur bzw. Stiegenhaus hat. Das heißt umgekehrt, dass an einzelnen Räumen einer Wohnung kein Wohnungseigentum begründet werden kann.

Sonstige selbstständige Räumlichkeiten. Dazu gehören Geschäftsräumlichkeiten, Büros, Lagerräume und Garagenboxen. Auch hier muss es eine Abgrenzung zu anderen Räumlichkeiten und einen eigenen Zugang von den Allgemeinflächen geben. Einzelne Räume eines Geschäftes stellen daher kein Wohnungseigentumsobjekt dar.

Abstellplätze für Kraftfahrzeuge. Darunter versteht man eine deutlich abgegrenzte Bodenfläche, die ausschließlich zum Abstellen eines Kraftfahrzeuges gewidmet ist. Die Abgrenzung wird im Regelfall durch Bodenmarkierungen erfolgen. Stellflächen auf Parkwippen oder Stapelparkeranlagen gelten jetzt ebenfalls als wohnungseigentumstaugliche Abstellplätze für Kraftfahrzeuge (Genaueres dazu im folgenden Abschnitt).

An Räumlichkeiten, die von allen benützt werden, kann kein Wohnungseigentum begründet werden

Der Begriff „Wohnungseigentümer" gilt auch für die Eigentümer dieser Objekte. Ausgeschlossen ist dagegen die Begründung von Wohnungseigentum an Räumlichkeiten, die der allgemeinen Benützung dienen oder deren Zweckbestimmung eine ausschließliche Benützung durch einzelne Wohnungseigentümer nicht zulässt. Dazu gehören z.B. der Heizraum, ein Hobbyraum, das Stiegenhaus und die Gänge.

Zubehör-Wohnungseigentum

Unter Zubehör-Wohnungseigentum versteht man das Recht eines Wohnungseigentümers, andere mit seinem Objekt baulich nicht verbundene Teile der Liegenschaft ausschließlich zu nutzen. Dazu gehören Keller- und Dachbodenräume, Hausgärten oder Lagerplätze, die deutlich abgegrenzt und von den Allgemeinflächen her zugänglich sind. Balkone und Terrassen, die nur von der Wohnung aus zugänglich sind, stellen dagegen kein Zubehör-Wohnungseigentum dar.

Voraussetzung für die Schaffung von Zubehör-Wohnungseigentum ist neben den baulichen Voraussetzungen, z.B. Zugang von Allgemeinflächen her, eine entsprechende Widmung des Objektes im Wohnungseigentumsvertrag und die Erfassung dieses Zubehörs im Rahmen der Nutzwertfestsetzung. Das Zubehör-Wohnungseigentum wird gemeinsam mit dem eigentlichen Wohnungseigentumsobjekt (Wohnung, Geschäft etc.) im Grundbuch eingetragen.

Sonderfall: Abstellplätze für Kraftfahrzeuge

Abstellplätze können erst seit dem Inkrafttreten des WEG 2002 als selbstständige Wohnungseigentumsobjekte erworben werden. Seit Oktober

Kfz-Abstellplatz

Wollen Sie eine Wohnung und einen Kfz-Abstellplatz im Wohnungseigentum erwerben, achten Sie darauf, dass Ihnen tatsächlich beides als Wohnungseigentumsobjekt zum Kauf angeboten wird. Andernfalls können Sie den Kfz-Abstellplatz nur mieten bzw. aufgrund einer Benützungsregelung nutzen.

2006 sind neben den Stellflächen am Boden auch Stellflächen auf Parkwippen oder Stapelparkeranlagen wohnungseigentumstauglich. Voraussetzung ist immer, dass dem Wohnungseigentümer des Abstellplatzes eine konkrete Stellfläche zur Nutzung zugewiesen wird.

Nach den früheren Rechtsvorschriften konnten Abstellplätze für Kraftfahrzeuge nur als Zubehör-Wohnungseigentum mit den einzelnen Wohnungseigentumsobjekten verbunden werden. Diese können jetzt durch Teilungserklärung des betreffenden Wohnungseigentümers in selbstständige Wohnungseigentumsobjekte übergeführt und damit auch gesondert veräußert werden. Eine Zustimmung der übrigen Wohnungseigentümer zu dieser Abtrennung ist nicht erforderlich. Eine neuerliche Nutzwertfestsetzung kann unterbleiben, wenn sich der Nutzwert (► Kasten unten) des Abstellplatzes zweifelsfrei aus der früheren Nutzwertermittlung (► Seite 108) ergibt.

Innerhalb einer Sperrfrist von drei Jahren ab Wohnungseigentumsbegründung dürfen nur Wohnungseigentümer einer Wohnung oder eines selbstständigen Geschäftsraumes Wohnungseigentum an einem Kfz-Abstellplatz erwerben. Diese Beschränkung und die weitere Beschränkung innerhalb der Sperrfrist – nur ein Kfz-Abstellplatz im Wohnungseigentum je Eigentumswohnung oder selbstständiger Geschäftsraum – gilt aller-

Nutzwert

Basis für die Berechnung des sogenannten Nutzwerts ist die Nutzfläche (► Seite 14). Der Nutzwert ergibt sich aus der Nutzfläche und den Zuschlägen (für Ausstattungen, die den Wert des Objektes erhöhen, z.B. eine Terrasse) und den Abschlägen (für Eigenschaften, die den Wert des Objekts vermindern, z.B. sechster Stock ohne Lift). Auch die Widmung des Objektes, der Wohnung oder Geschäfts-/Büroräumlichkeiten, wird bei der Ermittlung der Nutzwerte berücksichtigt. Berechnungsbeispiel zum Nutzwert ► Seite 108.

Nutzfläche

Die Nutzfläche ist die gesamte Bodenfläche eines Wohnungseigentumsobjektes abzüglich der Wandstärken und der Türdurchbrüche. Treppen, offene Balkone und Terrassen zählen dagegen nicht zur Nutzfläche. Verfügt eine Wohnung über eine Loggia, so zählt auch diese zur Nutzfläche. Auch bei Räumen zählt immer nur die Bodenfläche, unabhängig von der Raumhöhe.

dings nicht für den hauptverantwortlichen Wohnungseigentumsorganisator. Dies bedeutet, dass der Wohnungseigentumsorganisator auch an mehreren (sogar an allen) Abstellplätzen selbstständiges Wohnungseigentum begründen darf.

Die Abstellplätze für Kraftfahrzeuge müssen allerdings nicht als selbstständige Objekte gewidmet werden, sie können auch als allgemeiner Teil der Liegenschaft im Eigentum aller Mit- und Wohnungseigentümer verbleiben. In diesem Fall muss für die Nutzung eine eigene Regelung zwischen den Wohnungseigentümern getroffen werden.

Wohnungseigentümer und Eigentümergemeinschaft

Wohnungseigentümer kann immer nur eine Person (und zwar sowohl eine natürliche als auch eine juristische Person) oder eine Eigentümerpartnerschaft sein. Die Eigentümerpartnerschaft ist die Rechtsgemeinschaft zweier natürlicher Personen, die gemeinsam Wohnungseigentümer eines Objektes sind.

Dieses gemeinsame Wohnungseigentum ist nicht auf Ehegatten beschränkt. Zwei natürliche Personen können unabhängig vom Geschlecht oder vom Verwandtschaftsverhältnis gemeinsam, als Eigentümerpartner, Wohnungseigentum an einem Wohnungseigentumsobjekt erwerben.

In diesem Fall werden beide Eigentümerpartner mit jeweils dem halben Mindestanteil (► Seite 108 f.) im Grundbuch eingetragen. Sie erkennen das an dem Vermerk: Verbindung gemäß § 5, § 13 WEG 2002. Stirbt ein Partner oder wird das gemeinsame Wohnungseigentum aufgehoben, z.B. nach einer Ehescheidung oder der Aufhebung einer eingetragenen Partnerschaft, sind in den Bestimmungen des WEG detaillierte Regelungen vorgesehen, wie mit dem gemeinsamen Wohnungseigentum weiter zu verfahren ist.

Besondere Schutzbestimmungen bestehen zugunsten minderjähriger, in eingetragener Partnerschaft lebender und verehelichter Eigentümerpartner, denen die Wohnung bisher zur Befriedigung des dringenden Wohnbedürfnisses gedient hat. Die Eigentümerpartner können aber durch schriftliche Vereinbarung bereits zu Lebzeiten festlegen, wem im Todesfall der Anteil des Verstorbenen zukommen soll.

Die Summe aller Wohnungseigentümer bildet die „Eigentümergemeinschaft" einer Liegenschaft. Dieser kommt bei der Bewirtschaftung des Gebäudes maßgebende Bedeutung zu: Sie besitzt eine eigene Rechtspersönlichkeit, geht in Angelegenheiten der Verwaltung Verbindlichkeiten ein (z.B. Auftragserteilung an Handwerker) und sie kann klagen und geklagt werden. Vertreten wird die Eigentümergemeinschaft im Regelfall durch einen Verwalter.

Die Eigentümergemeinschaft ist die Summe aller Wohnungseigentümer

WE-Bewerber, WE-Organisator, WE-Zusage

Wohnungseigentumsbewerber (WE-Bewerber) ist, wem von einem WE-Organisator an einer Wohnung die Einräumung künftigen Wohnungseigentums schriftlich zugesagt wird. Der WE-Bewerber ist daher der Wohnungskäufer, der mit dem Verkäufer als WE-Organisator einen Vertrag schließt, um Wohnungseigentümer einer bestimmten Wohnung zu werden. Als WE-Organisator tritt bei Neubauten meist der Bauträger, bei Altbauten der bisherige Hauseigentümer auf.

Kaufen Sie dagegen eine Wohnung, an der Wohnungseigentum bereits begründet ist, so werden Sie als Käufer sofort mit Eintragung ins Grundbuch zum Wohnungseigentümer und bedürfen keines besonderen Schutzes als WE-Bewerber. Die besonderen Schutzwirkungen des WEG für den WE-Bewerber werden erst mit der schriftlichen „Zusage der Einräumung des Wohnungseigentums" anwendbar. Damit die Zusage auch

Hartnäckig bleiben

Beharren Sie auf der grundbücherlichen Eintragung der Anmerkung der „Zusage der Einräumung des Wohnungseigentums" auf dem Liegenschaftsanteil des Verkäufers.

gegenüber Außenstehenden wirksam wird, muss sie im Grundbuch angemerkt werden. Die Zusage der Einräumung des Wohnungseigentums hat folgende Vorteile:

Erst Grundbuch, dann Geld. Der Verkäufer darf den Kaufpreis erst nach Verbücherung der Anmerkung im Grundbuch übernehmen. Im Regelfall wird daher ein Treuhänder bestellt, der den bei ihm erlegten Kaufpreis nach Erfüllung aller Bedingungen an den Verkäufer ausbezahlt (► Seite 103). Eine Ausnahme besteht beim nachträglichen Erwerb der bisherigen Mietwohnung von einer gemeinnützigen Bauvereinigung. Hier erlangt der Käufer erst nach Erfüllung seiner Zahlungspflicht die Rechtsstellung eines WE-Bewerbers.

Nur einmal verkauft. Die Anmerkung im Grundbuch schützt den Käufer davor, dass sein (künftiger) Liegenschaftsanteil noch einmal verkauft oder vertragswidrig belastet wird. Ebenso wird z.B. die Klage auf Aufhebung der Miteigentumsgemeinschaft ausgeschlossen.

Kein Zugriff. Wird der WE-Organisator (Bauträger) zahlungsunfähig (Insolvenzverfahren), hat der WE-Bewerber einen Anspruch auf Aussonderung des von ihm Geleisteten. Damit wird verhindert, dass die anderen Gläubiger auf die geleisteten Zahlungen des WE-Bewerbers zugreifen können.

Sofort beziehbar. Der WE-Bewerber hat Anspruch auf rasche Übergabe der zugesagten Wohnung nach deren Fertigstellung. Das gilt selbstverständlich nur, wenn er seinen Zahlungsverpflichtungen nachgekommen ist.

Recht auf Eigentum. Schließlich hat der WE-Bewerber auch einen durchsetzbaren Anspruch auf eine rasche Wohnungseigentumsbegründung nach Baufertigstellung gegen den WE-Organisator. Kommt dieser seiner Verpflichtung nicht nach, kann der WE-Bewerber auch mit einer Klage gegen ihn vorgehen (Näheres dazu ► Seite 114).

Die Zusage der Einräumung von Wohnungseigentum kann in einem Kaufvertrag oder einem Anwartschaftsvertrag erklärt werden. Anwartschaftsverträge kommen häufig beim (geförderten) Neubau vor. Ehe Sie als Mit-

Verhandeln lohnt sich

Wird Ihnen zunächst nur ein Anwartschaftsvertrag für die künftige Eigentumswohnung angeboten, sollten Sie den raschen Abschluss des Kaufvertrages über den Miteigentumsanteil fordern, um sich im Grundbuch als Miteigentümer eintragen lassen zu können.

eigentümer ins Grundbuch eingetragen werden können, müssen Sie noch zusätzlich einen Kaufvertrag über den Miteigentumsanteil abschließen.

Im Altbau, wenn ehemalige Mietwohnungen als künftige Eigentumswohnungen verkauft werden, wird dagegen kein Anwartschaftsvertrag, sondern sofort ein Kaufvertrag über den Miteigentumsanteil abgeschlossen. Auch die Zusage des Wohnungseigentums an einer bestimmten Wohnung muss darin enthalten sein. Mit der Eintragung ins Grundbuch wird der Käufer WE-Bewerber und sogenannter schlichter Miteigentümer. Er ist damit rechtlich besser gestellt als ein WE-Bewerber mit bloßer grundbücherlicher Anmerkung der Zusage von Wohnungseigentum.

Im Vorstadium bis zur tatsächlichen WE-Begründung sind zugunsten des WE-Bewerbers jetzt bereits mehrere Rechte des WEG, wie sie sonst nur für die „echten" Wohnungseigentümer gelten, als verbindlich erklärt worden:

- Ab Übergabe der Wohnung hat jeder WE-Bewerber das ausschließliche Nutzungsrecht an seinem Objekt und Anspruch auf eine jährliche Rechnungslegung durch den Hausverwalter.
- Hat zumindest ein WE-Bewerber bereits (schlichtes) Miteigentum durch Eintragung ins Grundbuch erworben, sind die allgemeinen Regeln des WEG über die Verwaltung der Liegenschaft bereits zur Gänze anzuwenden.
- Für jene WE-Bewerber, deren Miteigentum bereits im Grundbuch eingetragen ist, sind auch die Bestimmungen des WEG über die Rechte der Miteigentümer zur Gänze anzuwenden.
- Für die anderen WE-Bewerber gelten diese Rechte erst ab dem Zeitpunkt, zu dem ihr späterer Miteigentumsanteil bekannt ist. Dies wird insbesondere dann der Fall sein, wenn bereits ein Nutzwertgutachten vorliegt. Weitere Voraussetzung ist, dass der Miteigentumsanteil zumindest eines WE-Bewerbers bereits im Grundbuch eingetragen ist.

Miteigentümer haben mehr Rechte

Achten Sie bei den Vertragsverhandlungen darauf, ob Sie zunächst nur als WE-Bewerber oder auch als schlichter Miteigentümer ins Grundbuch kommen. Nur als Miteigentümer stehen Ihnen auch die Rechte nach dem WEG bei der Verwaltung zu.

Wie eine Urkunde über die Zusage der Einräumung des Wohnungseigentums aussehen könnte, zeigt das Beispiel auf ► Seite 19.

Mischhaus und gemischtes Eigentum

Der Begriff Mischhaus wird verwendet, wenn in einem Haus ursprünglich Mietwohnungen waren und erst später Wohnungseigentum begründet wurde. Davon betroffen sind vor allem Althäuser (Errichtung vor 1945) in städtischen Gebieten. Der Grund für die Umwandlung von Miet- in Eigentumswohnungen liegt in der besseren finanziellen Verwertbarkeit für den bisherigen Eigentümer.

Mietzinse sind gesetzlich begrenzt. Die Kaufpreise für Eigentumswohnungen hingegen unterliegen keinen Beschränkungen. Durch die Begründung von Wohnungseigentum an vermieteten Wohnungen kommt es zu einem Wechsel des Vertragspartners des Mieters. Ab diesem Zeitpunkt ist ausschließlich der jeweilige Wohnungseigentümer als Vermieter anzusehen.

Nunmehr muss Wohnungseigentum an sämtlichen Objekten eines Hauses geschaffen werden

Nur in besonderen Fällen können die Altmieter (Beginn des Mietverhältnisses vor Wohnungseigentumsbegründung) ihre Ansprüche auch gegen die Eigentümergemeinschaft der Liegenschaft geltend machen (Näheres ► Seite 25).

Da vor dem WEG 2002 kein Zwang zur WE-Begründung an allen tauglichen Objekten bestand, wurde manchmal nur an einzelnen Wohnungen des Hauses Wohnungseigentum begründet. Daraus folgt eine Eigentümerstruktur mit Wohnungseigentümern und schlichten Miteigentümern (gemischtes Eigentum). Soll bei einem derartigen Haus jetzt weiteres Wohnungseigentum begründet werden, so muss dies nach den neuen Vorschriften zwingend an allen tauglichen Objekten geschehen.

Urkunde über die Zusage der Einräumung des Wohnungseigentums

1. Gegenstand

Diese Urkunde wird zum Zwecke der Anmerkung der Einräumung des Wohnungseigentums gemäß § 40 Abs. 2 WEG 2002 errichtet.

2. Zusage der Einräumung des Wohnungseigentums

Herr/Frau/Firma ....
geb. am ....
Beruf ....
wohnhaft in ....

ist Alleineigentümer der Liegenschaft

EZ ....
Grundbuch ....
KG ....
mit dem Gst.-Nr. ....
und der Grundstücksadresse ....

Herr/Frau/Firma ....
organisiert als Bauherr auf der gegenständlichen Liegenschaft die Errichtung von Eigentumswohnungen und ist daher Wohnungseigentumsorganisator im Sinne des § 2 Abs. 6 WEG 2002. Als solcher hat er/sie die Einräumung von Wohnungseigentum für:
Herrn/Frau ....
geb. am ....
Beruf ....
wohnhaft in ....
an der Wohnung Top ....

schriftlich zugesagt.

3. Aufsandung

Herr/Frau/Firma ....
geb. am ....
Beruf ....
wohnhaft in ....

als Alleineigentümer der Liegenschaft

EZ ....
Grundbuch ....
KG ....
mit dem Gst.-Nr. ....
und der Grundstücksadresse ....
erteilt gemäß § 40 Abs. 2 WEG 2002 die Zustimmung zur Anmerkung der Einräumung von Wohnungseigentum gemäß dieser Urkunde.

_______________ , am _______________
(Ort) (Datum) beglaubigte Unterschriften

Eine weitere Form des Mischhauses finden wir bei jüngeren Baulichkeiten mit gefördert errichteten Genossenschaftswohnungen. Da hier die Mieter unter bestimmten Voraussetzungen Anspruch auf den Erwerb der Wohnung im Wohnungseigentum haben, werden immer wieder einzelne Wohnungen als Eigentumswohnungen verkauft. Auch hier gibt es ein Nebeneinander von Altmietern (Anmietung vor WE-Begründung), Neumietern (Anmietung nach WE-Begründung) und Wohnungseigentümern, die ihre Wohnung selbst bewohnen oder vermieten.

Sonderfall: Vorläufiges Wohnungseigentum des Alleineigentümers

Mit dem WEG 2002 wurde für den Alleineigentümer einer Liegenschaft die Möglichkeit geschaffen, sogenanntes vorläufiges Wohnungseigentum zu begründen. Dieses soll dem bisherigen Alleineigentümer die optimale Vorbereitung des Abverkaufes der einzelnen Objekte ermöglichen. Erst wenn der erste Käufer eines vorläufigen Wohnungseigentumsobjektes im Grundbuch eingetragen ist, geht das vorläufige in echtes Wohnungseigentum über.

Da diese „Vorratsteilung" in der Praxis fast nicht vorkommt, wird hier nur kurz darauf eingegangen. Anstelle des Wohnungseigentumsvertrages tritt beim vorläufigen Wohnungseigentum zunächst das Wohnungseigentumsstatut, das vom Alleineigentümer errichtet wird, in Kraft. Sobald das vorläufige Wohnungseigentum im Grundbuch einverleibt wird, ist im Gutsbestandsblatt die Bezeichnung „Vorläufiges Wohnungseigentum" einzutragen. Regelungen im Statut, die für künftige Wohnungseigentümer Nachteile bringen könnten, sind unwirksam. Dazu gehören z.B. vom Gesetz abweichende Kostenverteilungsregeln oder benachteiligende Benützungsregelungen über allgemeine Hausteile.

Vorratsteilung

Wem vom bisherigen Alleineigentümer der Erwerb eines bestimmten Objektes zugesagt wurde, der wird Miteigentumsbewerber genannt. Die Schutzbestimmungen für WE-Bewerber gelten sinngemäß auch für Miteigentumsbewerber.

Typen von Eigentumswohnungen

Nicht jede angebotene Eigentumswohnung ist auch eine

Im Folgenden werden drei Typen von Wohnungen vorgestellt, die alle als Eigentumswohnungen angeboten werden. Aber nur in einem Fall handelt es sich rechtlich tatsächlich um eine Eigentumswohnung. Die beiden anderen Fälle betreffen Wohnungen, an denen Wohnungseigentum erst begründet werden muss.

Um herauszufinden, welcher Typ von Wohnung Ihnen tatsächlich angeboten wird, ist es unbedingt notwendig, im Grundbuch nachzusehen.

Projektierte Neubauwohnung – noch ohne WE

Hier erwirbt der Käufer zunächst weder eine Wohnung – sie ist erst in Planung bzw. im Bau – noch einen Miteigentumsanteil an der Liegenschaft. Die Liegenschaft bleibt bis zur tatsächlichen Wohnungseigentumsbegründung im Alleineigentum des jeweiligen Bauträgers. Der Wohnungssuchende erwirbt lediglich die Anwartschaftsrechte auf das Wohnungseigentum an einer Wohnung.

Die notwendige Absicherung des Käufers ist hier besonders auffällig. Sie geschieht über die schriftliche Zusage der Einräumung des Wohnungseigentums an der bestimmten Wohnung durch den Bauträger zugunsten des Erwerbers: Er wird damit Wohnungseigentumsbewerber (WE-Bewerber). Weitere wichtige Absicherungen der Zahlungen des Käufers enthält das Bauträgervertragsgesetz (BTVG) (► Seite 86).

Diese Form der Anwartschaft findet man bei praktisch allen Bauvorhaben, die mit Wohnbauförderungsmitteln finanziert werden. Aber auch beim ungeförderten Neubau wird diese Vertragsgestaltung manchmal gewählt.

Als erster Vertrag zwischen dem Wohnungssuchenden und dem Bauträger wird ein sogenannter Anwartschaftsvertrag abgeschlossen. Damit kommt eine verbindliche Vereinbarung über die Schaffung und Übergabe einer bestimmten Wohnung zu einem bestimmten Kaufpreis zustande. Daneben werden in der Regel aber auch bereits die Inhalte des künftigen Kauf- und Wohnungseigentumsvertrages für beide Seiten bindend festgelegt. Dazu gehören die Bestellung eines Hausverwalters, Regeln über die Kostenverteilung usw. Vor Vertragsabschluss sollten Sie folgende Punkte besonders beachten:

- Wie ist der Kaufpreis gestaltet: Handelt es sich um einen Fix-, Höchst- oder veränderlichen Preis? Wann sind Teilzahlungen auf den Kaufpreis fällig?
- Welche Sicherung nach dem BTVG wird Ihnen als Wohnungskäufer für Ihre Kaufpreiszahlungen geboten?
- Bis wann soll das Bauvorhaben fertiggestellt sein? Bis wann soll die Wohnungseigentumsbegründung abgeschlossen sein?
- Was enthält der künftige Wohnungseigentumsvertrag? Verbleiben Kfz-Abstellplätze im gemeinsamen Eigentum oder werden sie als selbstständige Wohnungseigentumsobjekte gewidmet? Können Sie einen Kfz-Abstellplatz als selbstständiges Wohnungseigentumsobjekt im Eigentum erwerben?

Je rascher Sie den Kaufvertrag abschließen, desto besser

Da WE-Bewerber, die bereits Miteigentümer sind, mehr Rechte haben, ist es im Interesse der Wohnungsinteressenten, auch den Kaufvertrag möglichst rasch abzuschließen, um im Grundbuch als Miteigentümer eingetragen werden zu können. Die Praxis der Anwartschaftsverträge verhindert dies aber. Viele Konsumenten ärgert diese Vorgangsweise. Eine Änderung der Vertragsgestaltung ist aber zurzeit nur in Sicht, wenn die Käufer Druck machen und immer wieder den raschen Abschluss des Kaufvertrages fordern.

Bezugsfertige Eigentumswohnung – bereits verbüchert

Hier handelt es sich um den einzigen Fall der richtig bezeichneten Eigentumswohnung! Alle Schritte zur Wohnungseigentumsbegründung, einschließlich Verbücherung im Grundbuch, sind bereits durchgeführt (Muster Grundbuchauszug ► Seite 36).

Nicht jeder hat Anspruch auf eine Wohnbauförderung

Handelt es sich um eine geförderte Neubauwohnung und will der Käufer die Förderung übernehmen, so sind spezielle Förderungsauflagen, Einkommensgrenzen usw. zu beachten.

Gestaltungsmöglichkeiten im Kaufvertrag für die künftige Nutzung der Wohnung gibt es keine, da der Erwerber an den bestehenden Wohnungseigentumsvertrag gebunden ist. Dieser kann am örtlich zuständigen Bezirksgericht eingesehen werden. Verträge, die erst nach 2006 verbüchert worden sind, können nur mehr automationsgestützt bzw. über das Internet abgerufen werden. Da Sie hier Mitglied einer bereits bestehenden Eigentümergemeinschaft werden, sollten Sie vor dem Kauf Folgendes beachten:

Bonität. Erkundigen Sie sich bei der Hausverwaltung, ob einzelne Wohnungseigentümer ihren Zahlungsverpflichtungen nicht oder nur unregelmäßig nachkommen. Unter Umständen werden Sie zur Haftung herangezogen.

Schulden. Bestehen offene Forderungen an die Eigentümergemeinschaft von Handwerkern oder der Gemeinde, z.B. Wassergebühren? Auch hier können Sie zur Haftung herangezogen werden.

Reserven. Wie hoch ist die vorhandene Rücklage der Gemeinschaft für künftige Reparaturen?

Kostentragungsregelungen

Herr Meier kauft eine Eigentumswohnung (Wohnungseigentum ist längst verbüchert) in einem etwa vierzig Jahre alten Gebäude. Seit der ersten Besichtigung ist ihm klar, dass die Außenfenster der Wohnung in einem sehr schlechten Zustand sind. Dieser Umstand stört ihn allerdings wenig. Er ist nämlich der Ansicht, dass der notwendige Fenstertausch ohnehin auf Kosten der Eigentümergemeinschaft (Reparaturrücklage) zu erfolgen hat. Ein Jahr nach dem Wohnungskauf fordert Herr Meier die Hausverwaltung auf, entsprechende Schritte zu setzen. Von der Hausverwaltung erfährt er jedoch, dass er die Kosten eines Fenstertausches selber tragen muss. Der Wohnungseigentumsvertrag enthält hinsichtlich der Wohnungsfenster nämlich eine von den gesetzlichen Bestimmungen abweichende Sonderregelung. Selbst wenn derartige (einstimmige) schriftliche Sonderregelungen zur Kostentragung nicht im Grundbuch ersichtlich gemacht wurden, sind sie auch für spätere Wohnungskäufer bindend.

Reparaturen. Bestehen Instandsetzungsaufträge seitens der Gemeinde? Nach den Bauvorschriften haften sämtliche Miteigentümer für den ordnungsgemäßen Zustand des Hauses!

Regelungen. Sind im Wohnungseigentumsvertrag besondere Vereinbarungen, besonders Kostentragungsregelungen, die für Sie unvorteilhaft sein können, enthalten?

Vereinbarungen. Gibt es Benützungsvereinbarungen bzw. -regelungen über allgemeine Hausteile bzw. Flächen, die nicht im Grundbuch ersichtlich gemacht worden sind? Als Käufer sind Sie trotzdem daran gebunden!

Handelt es sich um ein Mischhaus mit Altmietern, beachten Sie ganz besonders auch den folgenden Abschnitt.

Bezugsfertige Altbauwohnung in einem Mischhaus – noch ohne WE

Vor allem in größeren Städten werden Mietwohnungen in Eigentumswohnungen umgewandelt

Der Abverkauf ursprünglicher Mietwohnungen als Eigentumswohnungen ist besonders in den städtischen Ballungsräumen zu beobachten. Der bisherige Alleineigentümer verkauft frei werdende Wohnungen als sogenannte Eigentumswohnungen. Oft kauft auch eine Immobilienverwertungsfirma zunächst die gesamte Liegenschaft und beginnt dann mit dem Abverkauf der leeren Wohnungen als (künftige) Eigentumswohnungen. In Wien wurde vor rund dreißig Jahren mit dieser Form der Althausverwertung begonnen und es gibt auch heute noch derartige Angebote. In solchen Fällen ist der Vertragsgestaltung besonderes Augenmerk zu schenken.

Bei der Umwandlung von ehemaligen Mietwohnungen in künftige Eigentumswohnungen wird zunächst nur ein Kaufvertrag über einen Miteigentumsanteil abgeschlossen. Der Käufer wird dabei nur schlichter Miteigentümer der Liegenschaft. Die Wohnung selbst kann er aufgrund einer Benützungsregelung zwischen den Miteigentümern nutzen. Die Absicht, später einmal Wohnungseigentum zu begründen, wird im Kaufvertrag vereinbart.

Auch hier gilt: Der Verkäufer darf den Kaufpreis nicht vor Verbücherung der Zusage des künftigen Wohnungseigentums an einer bestimmten Wohnung fordern. Im Regelfall wird daher der Kaufpreis bei einem Treuhänder (► Seite 93) erlegt, der das Geld nach Erfüllung aller Bedingungen an den Verkäufer weiterleitet.

Erst nachdem alle Schritte zur Wohnungseigentumsbegründung erfüllt sind, wird der bisherige schlichte Miteigentümer zum Wohnungseigentümer. Da dies oft Jahre dauert, sind die Rechte als WE-Bewerber für diesen Zeitraum besonders wichtig.

Problemfall Eigentümer und Altmieter

Bei Mischhäusern werden Sie als Eigentümer rechtlich zum Mitvermieter

Beim Erwerb eines Miteigentumsanteiles zum Zweck der künftigen Begründung von Wohnungseigentum in einem Gebäude, in dem andere Wohnungen vermietet sind, treten Sie als Käufer kraft gesetzlicher Regelung zunächst in alle Mietverhältnisse auf Vermieterseite ein. Sie werden, rechtlich gesehen, zum Mitvermieter. Mieter, die vor der WE-Begründung angemietet haben, werden als Altmieter bezeichnet.

Damit können die Mieter ihre Ansprüche auch gegen Sie geltend machen. Ein Überprüfungsantrag eines Mieters wegen überhöhter Mietzins- oder Betriebskostenvorschreibungen bei der Schlichtungsstelle oder beim Bezirksgericht führt etwa dazu, dass auch Sie als Antragsgegner (= Vermieter) dem Verfahren beigezogen werden. Dabei haben Sie von diesen überhöhten Vorschreibungen wahrscheinlich weder etwas gewusst noch haben Sie daran verdient.

Anders sieht es aus, wenn Wohnungseigentum tatsächlich begründet wird. Ab diesem Zeitpunkt liegt die Vermieterstellung nur mehr beim Wohnungseigentümer des betreffenden Objektes. Trotzdem kann auch hier die Eigentümergemeinschaft unter bestimmten Voraussetzungen von Altmietern in Anspruch genommen werden. Dabei handelt es sich um zwei Fallgruppen:

- Die Eigentümergemeinschaft trifft eine Ausfallshaftung für Geldansprüche eines Mieters, die noch aus der Zeit vor der Wohnungseigentumsbegründung herrühren. Dabei kann es sich um Investitionskostenersatzansprüche oder die Rückzahlung einer bei Mietbeginn erlegten Kaution handeln. Kann der Mieter seine Forderung auch nicht durch Exekution gegen seinen Vermieter, den Wohnungseigentümer seiner Wohnung, hereinbringen, so haftet die Eigentümergemeinschaft für den Ausfall.

- Auch bei liegenschaftsbezogenen Ansprüchen eines Altmieters kann die Eigentümergemeinschaft zur Haftung herangezogen werden. Dabei handelt es sich einerseits um Rechnungslegungsansprüche für das Gesamthaus, Betriebskosten und Hauptmietzinsreserve, andererseits um die Durchführung von Erhaltungsarbeiten an den allgemeinen Teilen des Hauses. Beharren Sie bei der Vertragsgestaltung darauf, dass auch dieser Fall vertraglich geregelt wird. Werden Sie bzw. die Eigentümergemeinschaft von Altmietern in Anspruch genommen, muss der eigentlich betroffene Miteigentümer die anderen Eigentümer schad- und klaglos halten.

Bei einem Nebeneinander von Mietverhältnissen und Wohnungseigentumsverhältnissen in einem Gebäude ergeben sich besondere Probleme bei der Verteilung der Ausgaben für das Haus, Betriebskosten und Kosten von Erhaltungsarbeiten. Unklare Regelungen in Kauf- und Wohnungseigentumsverträgen sorgen immer wieder für Streitigkeiten zwischen den Miteigentümern.

Der Erhaltungszustand dieser Gebäude ist oft so schlecht, dass bereits bald nach dem Erwerb der Anteile durch den Käufer umfangreiche Reparaturarbeiten durchzuführen sind. Den Käufer treffen damit nach der Anschaffung abermals hohe Kosten, diesmal wegen notwendiger Erhaltungsarbeiten am Haus.

Für Gebäude, deren Baubewilligung älter als zwanzig Jahre ist, gibt es eine eigene Schutzbestimmung, um die Wohnungskäufer in diesen Fällen vor einer Übervorteilung zu schützen. Die Bestimmung des § 37

Klare Regelung

Achten Sie besonders auf eine klare und verständliche Regelung der Kostenverteilung zwischen den Miteigentümern, und zwar sowohl im Kauf- als auch im Wohnungseigentumsvertrag.

Abs. 4 WEG sieht vor, dass der WE-Organisator dem WE-Bewerber ein Gutachten über den Bauzustand des Gebäudes und die in absehbarer Zeit notwendigen Erhaltungsarbeiten zu übergeben hat. Ein derartiges Gutachten muss Ihnen als Käufer aber nur dann übergeben werden, wenn am Haus noch kein Wohnungseigentum begründet worden ist. Das Gutachten ist von einem Ziviltechniker oder gerichtlich beeideten Sachverständigen zu erstellen, darf nicht älter als ein Jahr sein und ist ausdrücklich in den Kaufvertrag einzubeziehen. Wird kein Gutachten übergeben, so tritt eine besondere Gewährleistungsfolge ein. Der Käufer kann sich gegenüber dem Verkäufer auf die Vereinbarung berufen, dass in den nächsten zehn Jahren keine größeren Erhaltungsarbeiten notwendig sind bzw. dass er hiefür keine anteiligen Kosten tragen muss.

Nicht in allen Fällen bedeutet ein fehlendes Gutachten aber wirkliche Sicherheit. Bedenken Sie die Möglichkeit, dass der Verkäufer in den zehn Folgejahren zahlungsunfähig wird oder ganz einfach in Österreich nicht mehr greifbar ist. Werden innerhalb dieses Zeitraumes große Reparaturarbeiten am Haus notwendig, müssen Sie als Miteigentümer auch Ihren Anteil bezahlen. Ein Rückgriff auf den Verkäufer ist Ihnen oft nicht mehr möglich, weil er zahlungsunfähig geworden ist.

Vor dem Kauf eines Miteigentumsanteiles in einem alten Haus mit Mietern sollten Sie besonders beachten:

- Gibt es bereits ein Nutzwertgutachten und einen Entwurf für den künftigen Wohnungseigentumsvertrag?
- Je älter das Gebäude, desto wichtiger auch die Überprüfung des Erhaltungszustandes des Gebäudes: Ver- und Entsorgungsleitungen, Dach, Außenfenster und Fassade. Liegt das Gutachten eines Ziviltechnikers über den Zustand des Hauses vor?
- Bestehen Instandsetzungsaufträge seitens der Gemeinde?

Achten Sie vor dem Kauf genau auf den Bauzustand des Hauses

Kein Gutachten zum Erhaltungszustand des Gebäudes?

Wenn Sie eine Wohnung in einem Althaus erwerben möchten, an dem Wohnungseigentum bereits begründet ist, so muss Ihnen der Verkäufer kein Gutachten zum Erhaltungszustand des Hauses übergeben. Wollen Sie Klarheit über den Erhaltungszustand, müssen Sie selbst ein Gutachten in Auftrag geben.

- Da in Althäusern oft Umbauten stattgefunden haben, z.B. nachträglicher Bad- oder WC-Einbau, müssen Sie auch überprüfen, ob für den Zustand der Wohnung, die Sie erwerben wollen, eine Baubewilligung vorliegt.

Schritt für Schritt: Erwerb einer Neubaueigentumswohnung mit Kaufanwartschaftsvertrag

- Auswahl des Projektes
- Klärung von Finanzierung und Förderung
- Abschluss des Kaufanwartschaftsvertrages mit schriftlicher Zusage der Einräumung des Wohnungseigentums; Bekanntgabe der Art der Absicherung des Erwerbers nach dem BTVG
- Anmerkung der Einräumung des künftigen Wohnungseigentums im Grundbuch

Rechtsstellung:
Wohnungseigentumsbewerber, aber noch kein Miteigentümer!

- Teilzahlungen entsprechend dem Kaufanwartschaftsvertrag bis zur Fertigstellung der Wohnung
- Fertigstellung der Wohnung
- Anspruch auf Wohnungsübergabe

Rechtsstellung: Wohnungseigentumsbewerber mit Anspruch auf Jahresabrechnungen, aber sonst keine Rechte nach dem WEG

- Bescheinigung gem. § 6 WEG
- Erstellung des Nutzwertgutachtens
- Unterzeichnung des Kauf- und Wohnungseigentumsvertrages
- Übertragung der Pfandrechte und Belastungen auf die neuen Wohnungseigentümer
- Verbücherung des Wohnungseigentumsvertrages

Rechtsstellung: Wohnungseigentümer

Schritt für Schritt: Erwerb einer Neubaueigentumswohnung mit Anwartschaftsvertrag und gleichzeitigem Kaufvertrag über den Miteigentumsanteil

- Auswahl des Projektes
- Klärung von Finanzierung und Förderung
- Abschluss des Kaufanwartschaftsvertrages mit schriftlicher Zusage der Einräumung des Wohnungseigentums; Bekanntgabe der Art der Absicherung des Erwerbers nach dem BTVG
- Abschluss des Kaufvertrages über den Miteigentumsanteil

- Anmerkung der Einräumung des künftigen Wohnungseigentums im Grundbuch
- Verbücherung des Miteigentums

Rechtsstellung:
Miteigentümer und Wohnungseigentumsbewerber!

- Teilzahlungen entsprechend dem Kaufanwartschaftsvertrag bis zur Fertigstellung der Wohnung

- Fertigstellung der Wohnung
- Anspruch auf Wohnungsübergabe

Rechtsstellung: Miteigentümer und Wohnungseigentumsbewerber mit allen Minderheitsrechten bei der Verwaltung und Nutzung des Hauses nach dem WEG

- Bescheinigung gem. § 6 WEG
- Erstellung des Nutzwertgutachtens

- Unterzeichnung des Wohnungseigentumsvertrages
- Berichtigung der Miteigentumsanteile und Pfandrechte für die einzelnen Wohnungseigentümer

- Verbücherung des Wohnungseigentumsvertrages

Rechtsstellung: Wohnungseigentümer

Schritt für Schritt: Erwerb einer Altbauwohnung mit späterer Wohnungseigentumsbegründung

- Auswahl des Projektes
- Klärung von Finanzierung und Förderung
- Abschluss des Kaufvertrages über den Miteigentumsanteil
- schriftliche Zusage der Einräumung des Wohnungseigentums
- Anmerkung der Einräumung des künftigen Wohnungseigentums im Grundbuch
- Verbücherung des Miteigentums

Rechtsstellung: Miteigentümer und Wohnungseigentumsbewerber mit allen Minderheitsrechten bei der Verwaltung und Nutzung des Hauses nach dem WEG

- Zahlung bzw. Weiterleitung des Kaufpreises an den Verkäufer
- Bescheinigung gem. § 6 WEG
- Erstellung des Nutzwertgutachtens
- Unterzeichnung des Wohnungseigentumsvertrages
- Berichtigung der Miteigentumsanteile der einzelnen Wohnungseigentümer
- Verbücherung des Wohnungseigentumsvertrages

Rechtsstellung: Wohnungseigentümer

- Erkundigen Sie sich bei der Hausverwaltung, ob einzelne WE-Bewerber ihren Zahlungsverpflichtungen nicht oder nur unregelmäßig nachkommen. Bestehen offene Forderungen an die Hauseigentümer von Handwerkern oder der Gemeinde? Unter Umständen werden Sie zur Haftung herangezogen.
- Wurde bisher schon eine Rücklage für künftige Reparaturen gebildet? Wenn ja, wie hoch ist sie dotiert?

Anders sieht es aus, wenn Sie gleichzeitig mit dem Anwartschaftsvertrag auch einen Kaufvertrag über einen Miteigentumsanteil an der Liegenschaft abschließen. Der Miteigentumsanteil wird zunächst vorläufig festgesetzt und dann im Zuge der Wohnungseigentumsbegründung berichtigt.

Das Grundbuch

Nur der Blick ins Grundbuch bringt Gewissheit

Die Einsicht ins Grundbuch sollte kein Wohnungsinteressent verabsäumen. Nur dem Grundbuch können die Eigentumsverhältnisse und andere Rechte an den einzelnen Liegenschaften entnommen werden. Erst anhand dieser Daten lassen sich die Angaben des Verkäufers einer Eigentumswohnung bzw. eines Miteigentumsanteiles überprüfen. Um die Orientierung beim Grundbuch zu erleichtern, finden Sie hier zunächst den Aufbau des Grundbuches in seinen Grundzügen.

Das Grundbuch ist ein öffentliches Register, in welches alle Grundstücke und die an ihnen bestehenden dinglichen Rechte eingetragen werden. Die wichtigsten Einrichtungen des Grundbuches sind das Hauptbuch und die Urkundensammlung. Das Grundbuch wird von den einzelnen Bezirksgerichten für den jeweiligen Gerichtssprengel geführt. Die im Grundbuch enthaltenen Eintragungen genießen öffentlichen Glauben: Jedermann darf sich auf ihre Richtigkeit und Vollständigkeit verlassen.

Hauptbuch und Urkundensammlung

Im Hauptbuch besteht für jede Liegenschaft eine Grundbuchseinlage, die eine eigene Einlagezahl (EZ) aufweist. Diese Einlage ist in drei sogenannte Blätter eingeteilt: das Gutsbestandsblatt, das Eigentumsblatt und das Lastenblatt.

Das Gutsbestandsblatt (A-Blatt)

Hier ist die Liegenschaft, ihre Größe und Widmungsart kurz beschrieben. Weiters sind allfällige mit dem Eigentum an der Liegenschaft verbundene Rechte und öffentlich-rechtliche Beschränkungen verzeichnet. Auch der Hausverwalter wird angeführt.

Ob an der Liegenschaft bereits Wohnungseigentum besteht, lässt sich auf einen Blick feststellen. In diesem Fall ist in der Aufschrift des Gutsbestandsblattes das Wort „Wohnungseigentum" eingetragen. Besteht erst die Absicht der Wohnungseigentumsbegründung, so wird gleichzeitig mit der erstmaligen Anmerkung einer Zusage zur Wohnungseigentumsbegründung der Vermerk „Wohnungseigentum in Vorbereitung" eingetragen.

Das Eigentumsblatt (B-Blatt)

Wem eine Liegenschaft gehört, das finden Sie im Eigentumsblatt

Aus dem Eigentumsblatt ergibt sich, wer Eigentümer der Liegenschaft ist. Bei mehreren Eigentümern sind deren Anteile ersichtlich. Die Anteile sind jeweils in Bruchzahlen angegeben. Nach dem Namen des Eigentümers folgt die Angabe der Urkunde, aufgrund derer das Eigentumsrecht verbüchert worden ist. Daraus kann die Art des Eigentumserwerbes (Kauf, Erbschaft usw.) und das Datum des Vertragsabschlusses ersehen werden.

Zu jeder Urkunde ist eine Tagebuchzahl (TZ) angeführt, anhand derer sie in der Urkundensammlung gefunden werden kann.

Weitere wichtige Eintragungen, die im Eigentumsblatt beim jeweiligen Miteigentumsanteil aufscheinen:

- das Wohnungseigentum an einer bestimmten Wohnung; im Falle des Partnerwohnungseigentums werden die Eigentumsanteile der jeweiligen Eigentümerpartner miteinander verbunden;
- die Anmerkung der Zusage der künftigen Wohnungseigentumsbegründung an einer bestimmten Wohnung;
- die Anmerkung der Rangordnung für die beabsichtigte Veräußerung (► Seite 101).

Bei der Angabe der Art des Eigentumserwerbs sind häufig zwei Zeilen eingetragen: zunächst „Eigentumsrecht vorgemerkt" und in einer zweiten Zeile, mit einer anderen Tagebuchzahl, „Rechtfertigung". Dies bedeutet Folgendes: Unmittelbar nach Kaufvertragsabschluss, aber noch vor Vorliegen aller notwendigen Urkunden, wurde das Eigentumsrecht vorgemerkt. Das stellt zunächst einen bedingten Eigentumserwerb dar. Mit der Vorlage der fehlenden Urkunden, etwa der Unbedenklichkeitsbescheinigung des Finanzamtes, wird die Eintragung gerechtfertigt und ist damit grundbücherlich abgeschlossen.

Das Lastenblatt (C-Blatt)

Das Lastenblatt enthält die mit dem Liegenschaftseigentum verbundenen Belastungen wie etwa Pfandrechte (Hypotheken), Dienstbarkeiten, Veräußerungs- und Belastungsverbote. Ebenso werden hier die Klagen der Eigentümergemeinschaft wegen Zahlungsrückständen eines Miteigentümers angemerkt und Exekutionsmaßnahmen wie Zwangsverwaltung und Zwangsversteigerung eingetragen. Derartige Belastungen können auf der gesamten Liegenschaft oder nur an einzelnen Miteigentumsanteilen bestehen. Im zweiten Fall wird bei der Belastung immer angeführt, auf welchen Miteigentumsanteil des B-Blattes sie sich bezieht.

Im Lastenblatt werden bei verbüchertem Wohnungseigentum auch Sondervereinbarungen der Wohnungseigentümer eingetragen. Dazu gehören abweichende Kostentragungsvereinbarungen und Benützungsregelungen über Gemeinschaftsanlagen. Auch bei den Eintragungen im C-Blatt ist jeweils eine Tagebuchzahl angeführt, anhand derer die zugehörige Urkunde in der Urkundensammlung gefunden wird.

Einsicht ins Grundbuch

Das Grundbuch ist ein öffentliches Register. Jeder Interessierte kann über die enthaltenen Eintragungen am Bezirksgericht Auskunft bekommen. Mündliche Auskünfte sind kostenlos, schriftliche Grundbuchauszüge gegen eine Gebühr (derzeit 15 Euro) erhältlich.

Ein Grundbuchauszug kann bei jedem Bezirksgericht abgerufen werden

Das Hauptbuch wurde in ganz Österreich auf automationsunterstützte Datenverarbeitung umgestellt. Damit kann bei jedem Bezirksgericht ein Grundbuchauszug jeder Liegenschaft in Österreich abgerufen werden. Der Zugang zur Grundbuchdatenbank über das Internet wird von mehreren Firmen allen Interessierten angeboten. Notare, Rechtsanwälte, Gemeinden, Kreditinstitute usw. haben jedenfalls entsprechende EDV-Anschlüsse an das Grundbuch.

Ist die Einlagezahl einer Liegenschaft nicht bekannt, kann diese über das Straßenverzeichnis oder die Grundbuchsmappe erhoben werden. Die Grundbuchsmappe ist eine Landkarte, in der die einzelnen Grundstücke mit ihren Grenzen eingetragen sind. Diese Karte mit allen aktuellen Eintragungen liegt immer beim örtlich zuständigen Vermessungsamt bei der Bezirkshauptmannschaft bzw. beim Vermessungsamt Wien auf. Oft liegen diese Landkarten auch beim zuständigen Bezirksgericht auf. Hier sind sie aber nicht immer am letzten Stand.

Trotz elektronischer Datenverarbeitung müssen Sie gelegentlich noch aufs Bezirksgericht

Die Urkundensammlung wird nur beim örtlich zuständigen Bezirksgericht geführt. Diese wurde im Laufe des Jahres 2006 ebenfalls auf die automationsunterstützte Datenverarbeitung (ADV) umgestellt. Je nach Umstellungsstichtag für die einzelnen Bezirksgerichte sind die neuen Urkunden nur mehr über die ADV bzw. übers Internet abrufbar.

Möchten Sie dagegen Einsicht in einen älteren Kaufvertrag oder einen Darlehensvertrag nehmen, geht das nicht ohne Besuch des zuständigen Bezirksgerichtes.

Eintragungsgrundsatz und Prioritätsprinzip

Rechte an Liegenschaften können nur durch Eintragung im Grundbuch erworben werden (Eintragungsgrundsatz). Damit wird das (Mit-)Eigentum, wie das Wohnungseigentum, erst mit Eintragung ins Grundbuch wirksam. Ausgenommen davon sind

- der Gerichtsbeschluss im Erbschaftsverfahren (Einantwortung) und
- der Zuschlag im Versteigerungsverfahren.

In diesen beiden Fällen erfolgt der Eigentumserwerb bereits mit der jeweiligen Urkunde, nicht erst mit der Grundbucheintragung.

Neben dem Eintragungsgrundsatz gilt beim Grundbuch auch das Prioritätsprinzip: Wer früher dran ist, der ist rechtlich stärker. Demnach wird im Grundbuch bei zwei gleichlautenden Anträgen um Einräumung eines bestimmten Rechtes – etwa des Eigentumsrechtes – dem zeitlich früher eingelangten Antrag stattgegeben.

Ohne Rangordnungsbescheid keine Geldübergabe

Damit Sie als Käufer kein Risiko eingehen, sollten Sie die Geldübergabe beim Kauf einer Eigentumswohnung von der Übergabe eines sogenannten Rangordnungsbescheides für die beabsichtigte Veräußerung abhängig machen (Genaueres dazu ► Seite 101). Nur so haben Sie die Gewähr, dass Ihr Eigentumsrecht im Rang der seinerzeitigen Anmerkung

Eigentum auch ohne Grundbuch?

Es kann vorkommen, dass ein Wohnungsverkäufer behauptet, außerbücherlicher Eigentümer zu sein. Dies ist ein rechtliches Unding, da für den Eigentumserwerb im Regelfall die Verbücherung notwendig ist. Wird dieser Begriff bei Verkaufsverhandlungen trotzdem verwendet, so handelt es sich meistens um einen außerbücherlichen Erwerber, der wie ein Eigentümer über die Eigentumswohnung verfügen kann. Unter solchen Voraussetzungen sollten Sie besonders vorsichtig sein und für die Abwicklung des Geschäftes, insbesondere für die Begleichung des Kaufpreises, unbedingt einen Treuhänder einschalten.

eingetragen wird. Grundbucheintragungen, die zeitlich erst nach dieser Anmerkung erfolgt sind, müssen Sie gegen sich nicht gelten lassen und können ihre Löschung beantragen.

Ein Fall von außerbücherlichem Eigentum liegt zum Beispiel vor, wenn eine Immobilienverwertungsfirma ein ganzes Haus zum Zweck des baldigen Abverkaufes von (künftigen) Eigentumswohnungen erwirbt. Vom Verkäufer wird die Firma ab Kaufdatum mit der Verwaltung und Verfügung über die Liegenschaft betraut. Die leeren Wohnungen werden sofort als (künftige) Eigentumswohnungen angeboten und verkauft. Da sich die Firma für diese Miteigentumsanteile nicht im Grundbuch eintragen lässt, erspart sie sich die anteilige Grundbucheintragungsgebühr.

Muster zu Grundbuchauszügen

Auf den Folgeseiten finden Sie zu jeder der drei beschriebenen Typen von Wohnungen entsprechende Muster von Grundbuchauszügen samt Erläuterungen.

Anhand der Grundbuchauszüge können Sie bereits feststellen, ob es sich um eine „echte" Eigentumswohnung handelt oder um ein Projekt, an dem Wohnungseigentum erst begründet werden soll.

Muster Grundbuchauszug: Neubau mit geförderten Wohnungen vor WE-Begründung

```
GRUNDBUCH 01670 Kaisermühlen                                          EINLAGEZAHL   4321
BEZIRKSGERICHT Donaustadt
*************************************************************************ABFRAGEDATUM   2021-01-08
Letzte  TZ    8680/2005
Wohnungseigentum in Vorbereitung
******************************************** A1 ***************************************************
   GST-NR    G BA (NUTZUNG)                  FLÄCHE   GST-ADRESSE
   2474/27   G Garten                *         4149
   2474/31   G Baufl.(befestigt)     *         1699   Neuhausgasse 8
   2474/32   G Garten                *          224   Neuhausgasse 10
******************************************** A2 ***************************************************
   3  a  1126/1996 Bauplatz (auf) Gst 2474/27 (Bauplatz 7A)
******************************************** B ****************************************************
   1  ANTEIL: 1/1
      Wiener Neubau Wohnbaugesellschaft m.b.H.
      ADR: Althausgasse 2   1190
      f  7163/2002   IM RANG 4170/2002 Kaufvertrag 2002-06-26 Eigentumsrecht
      h  1760/2003   Veräußerungsverbot
      k  2432/2004   IM RANG 2209/2004 Zusage der Einräumung des
            Wohnungseigentums gemäß § 40 WEG an
            W  4.7  St 1  für Mustermann Max, geb. 1949-02-25
            W  5.7  St 1  für Müller Peter, geb. 1950-07-16
      l  2556/2004 IM RANG 2209/2004 Zusage der Einräumung des
            Wohnungseigentums gemäß § 40 WEG an
            W  5.7  St 2  für Lindner Ing. Wolfgang, geb. 1965-09-05
            W  4.3  St 1  für Bandl Lisa, geb. 1970-10-09 und Gauder Rudolf, geb. 1972-11-20
********************************************C ****************************************************
  12  a   1759/2003 Schuldschein 2002-12-20
            PFANDRECHT                                             EUR 11.031.000,–
          6,25% Z, 13% VuZZ, NGS EUR 2.757.000,– für Bank Austria Aktiengesellschaft
      b  1760/2003    Löschungsverpflichtung zu Gunsten Land Wien
      c  1761/2003    Löschungsverpflichtung zu Gunsten Land Wien
      d  1762/2005    Löschungsverpflichtung zu Gunsten Bank Austria Aktiengesellschaft
  14  a   1760/1997   Pfandurkunde 2003-02-13
            PFANDRECHT                                             186.963.000,–
            für Land Wien
      c  1762/2005    Löschungsverpflichtung zu Gunsten Bank Austria Aktiengesellschaft
  15  a  1760/2003
            VERÄUSSERUNGSVERBOT gem. § 6 Abs. 4 WWFSG 1989 für Land Wien
  19  a  2209/2004    unbefristete Rangordnung für die beabsichtigte  Einräumung von
                      Wohnungseigentum gem. § 42 WEG
            Treuhänder: Dr. Alfred Müller, Rechtsanwalt, 1180, Hauptstraße 7
  20  a  1762/2005    Schuldschein 2004-12-20
            PFANDRECHT                                             EUR 13.500.000,–
            5,75% Z, 13% VuZZ, NGS 3.362.000,–  für Bank Austria Aktiengesellschaft
******************************************** HINWEIS **********************************************
                   Eintragungen ohne Währungsbezeichnung sind Beträge in ATS
```

So lesen Sie den Grundbuchauszug

Im A-Blatt ist der Vermerk „Wohnungseigentum in Vorbereitung" enthalten. Das heißt, dass Eigentumswohnungen geschaffen werden.

Im B-Blatt ist als Alleineigentümerin (1/1) die Wiener Neubau Wohnbaugesellschaft m.b.H. eingetragen. Sie hat die Liegenschaft mit Kaufvertrag vom 26.06.2002 erworben (B-LNr. 1 lit f). Dieser Kaufvertrag kann zur Tagebuchzahl 7163/2002 am Bezirksgericht Donaustadt eingesehen werden. Unter B-LNr. 1 lit h sind Veräußerungsverbote eingetragen. In Zusammenschau mit dem C-Blatt ist ersichtlich, dass dieses Veräußerungsverbot aufgrund der Wohnbauförderung zugunsten des Landes Wien eingetragen ist (C-LNr. 15). Unter B-LNr. 1 lit k und lit l sind die einzelnen Wohnungseigentumsbewerber angeführt. Diese Personen haben aufgrund von Anwartschaftsverträgen und der WE-Zusage die Rechtsstellung von WE-Bewerbern, sind aber noch nicht Miteigentümer. Die WE-Zusagen sind jeweils „im Rang 2209/2004" eingetragen worden. Dies ergibt sich aus der besonderen Treuhandschaft nach dem Bauträgervertragsgesetz (C-Blatt LNr. 19). Durch die WE-Zusage an einzelne Personen ist die Wiener Neubau auch WE-Organisatorin, ohne dass dies gesondert vermerkt wird.

Im C-Blatt ist unter LNr. 12 ein Pfandrecht zugunsten eines Kreditinstitutes eingetragen. Unter LNr. 14 bis 15 sind die Wohnbauförderungsmittel des Landes Wien sichergestellt und die Veräußerungsverbote aufgrund der Wohnbauförderung eingetragen. Wegen der hohen Pfandrechte kann auf ein besonders großes Bauvorhaben geschlossen werden. Unter C-LNr. 19 ist die unbefristete Rangordnung für die beabsichtigte Einräumung von Wohnungseigentum unter genauer Angabe des Treuhänders eingetragen. Diese Anmerkung ist zur Tagebuchzahl 2209/2004 erfolgt. Die Bestellung des Treuhänders erfolgte aufgrund der Bestimmungen des BTVG. Sie stellt eine zusätzliche Absicherung der Zahlungen der WE-Bewerber dar. Die WE-Zusagen an einzelne WE-Bewerber, auch wenn sie erst in späteren Jahren erfolgen, werden jeweils im zeitlich früheren Rang dieser Anmerkung eingetragen (Hinweis zum B-Blatt „im Rang 2209/2004"). Durch diese Bestimmung wird sichergestellt, dass zeitlich spätere Belastungen nicht zulasten der WE-Bewerber gehen. Durch das unter C-LNr. 20, TZ 1762/2005, eingetragene weitere Pfandrecht werden die WE-Bewerber (eingetragen im Rang 2209/2004) daher nicht belastet. Der Treuhänder muss im Zuge der WE-Begründung für die Löschung dieses Pfandrechtes sorgen.

Muster Grundbuchauszug: Liegenschaft mit abgeschlossener WE-Begründung

GRUNDBUCH 01514 Währing EINLAGEZAHL 6541
BEZIRKSGERICHT Döbling
***ABFRAGEDATUM 2021-01-08

Letzte TZ 5207/2005
Wohnungseigentum
A1 *

GST-NR	G BA (NUTZUNG)		FLÄCHE	GST-ADRESSE
312/3	G GST-Fläche	*	275	
	Baufl.(Gebäude)	*	214	
	Baufl.(befestigt)	*	61	Malerg. 59

A2 *

1 a 1919/1981 Bauplatz (auf) Gst 312/3
**B **

1 ANTEIL: 31/372
Mustermann Max
GEB: 1954-03-11 ADR: Malerg. 59 1180
d 2279/2003 Wohnungseigentum an Magazin/EG
e 304/2005 Kaufvertrag 2004-11-12 Eigentumsrecht vorgemerkt
f 5207/2005 Rechtfertigung
2 ANTEIL: 35/372
Gruber Gustav
GEB: 1971-11-16 ADR: Beatrixg. 3/22 1030
d 2279/2003 Wohnungseigentum an Magazin/EG
g 1432/2005 IM RANG 6552/2004 Kaufvertrag 2004-05-03 Eigentumsrecht
3 ANTEIL: 155/372
Gruber Gustav
GEB: 1971-11-16 ADR: Martinstr. 59 1180
f 2279/2003 Wohnungseigentum an W 2. Stock
g 1432/2005 IM RANG 6552/2004 Kaufvertrag 2004-05-03 Eigentumsrecht
4 ANTEIL: 151/372
Huber Gabriele Mag.
GEB: 1971-11-16 ADR: Bernsteing. 3/22 1030
d 2279/2003 Wohnungseigentum an W 1. Stock
h 1427/2004 Übergabsvertrag 2004-11-16 Eigentumsrecht
i 1427/2004 Belastungs- und Veräußerungsverbot
** C ***

1 2279/2003 Vereinbarung über die Aufteilung der Aufwendungen gem. § 32 WEG
Punkt IV. Wohnungseigentumsvertrag 2003-01-10
2 auf Anteil 4
a 1427/2004
BELASTUNGS- UND VERÄUSSERUNGSVERBOT für
Herta Huber, geb. 1936-06-01
HINWEIS *

Eintragungen ohne Währungsbezeichnung sind Beträge in ATS
****

So lesen Sie den Grundbuchauszug

Im A-Blatt ist der Vermerk „Wohnungseigentum" enthalten. Die WE-Begründung ist abgeschlossen, es handelt sich daher um echte Eigentumswohnungen.

Im B-Blatt ist mit jedem Miteigentumsanteil das Wohnungseigentum an einer bestimmten Wohnung bzw. einem Magazin verbunden. Die WE-Begründung fand bereits 2003 statt (TZ 2279/2003). Die aktuell verbücherten Miteigentumsanteile wurden alle erst nach WE-Begründung erworben. Das heißt, es wurden von den heutigen Miteigentümern bereits Eigentumswohnungen gekauft.

Das Eigentumsrecht von Max Mustermann, B-LNr. 1, wurde in zwei Schritten eingetragen. Zunächst wurde das Eigentum aufgrund des Kaufvertrages „vorgemerkt" (B-LNr. 1 lit e), nach Vorliegen der zunächst fehlenden Urkunden „gerechtfertigt" (B-LNr. 1 lt f).

Im C-Blatt ist unter LNr. 1 ein geänderter Kostenverteilungsschlüssel aufgrund des Wohnungseigentumsvertrages eingetragen. Diese Vereinbarung bindet daher auch die jetzigen sowie spätere Miteigentümer.

Unter C-LNr. 2 ist auf den Anteil B-LNr. 4 (Mag. Gabriele Huber) ein Belastungs- und Veräußerungsverbot eingetragen. Damit kann dieser Anteil nur mit Zustimmung der Berechtigten (Herta Huber) veräußert oder belastet werden.

Muster Grundbuchauszug: Althaus mit beabsichtigter WE-Begründung

GRUNDBUCH 01657 Leopoldstadt EINLAGEZAHL 1910
BEZIRKSGERICHT Donaustadt
*** ABFRAGEDATUM 2021-01-08
Letzte TZ 673/2005
Wohnungseigentum in Vorbereitung
** A1 **

GST-NR	BA (NUTZUNG)		FLÄCHE	GST-ADRESSE
267	GST-Fläche	*	589	
	Baufl.(Gebäude)	*	515	
	Baufl.(befestigt)	*	74	Grüne Salzg. 18

** A2 **
1 a 3628/1991 Assanierungsgebiet gem. V 1991-04-29, LGBl 22
** B ***
4 ANTEIL: 59/708
Mustermann Max
GEB: 1968-03-08 ADR: Grüne Salzg. 18/7 1020
b 1879/2003 IM RANG 4028/2002 Kaufvertrag 2002-12-19 Eigentumsrecht
c 1879/2003 Zusage der Einräumung des Wohnungseigentums gemäß
§ 40 WEG an W 7 für Max Mustermann, geb. 1968-03-08
6 ANTEIL: 63/708
Gruber Heinrich
GEB: 1950-02-16 ADR: Blaumühlgasse 5/21 1020
b 1879/2003 Zusage der Einräumung des Wohnungseigentums gemäß
§ 40 WEG an W 7 für Max Mustermann, geb. 1968-03-08
c 1888/2003 IM RANG 4028/2002 Kaufvertrag 2002-12-19 Eigentumsrecht
d 1888/2003 Zusage der Einräumung des Wohnungseigentums gemäß
§ 40 WEG an W 23 für Heinrich Gruber, geb. 1950-02-16
8 ANTEIL: 586/708
Immobilienhandelsgesellschaft m.b.H.
ADR: Mariahilfer Str. 103 1060
a 3395/1996 IM RANG 2875/1996 Kaufvertrag 1996-05-29 Eigentumsrecht
d 1879/2003 Zusage der Einräumung des Wohnungseigentums gemäß
§ 40 WEG an W 7 für Max Mustermann, geb. 1968-03-08
e 1888/2003 Zusage der Einräumung des Wohnungseigentums gemäß
§ 40 WEG an W 23 für Heinrich Gruber, geb. 1950-02-16
f 3603/2004 Zusage der Einräumung des Wohnungseigentums gemäß
§ 40 WEG an W 16 für Dragan Kovacs, geb. 1952-04-30
** C ***
2 a 3395/1996 Pfandurkunde 1996-05-29
PFANDRECHT Höchstbetrag 4.030.000,–
für Raiffeisenbank Schwechat-Fischamend-Schwadorf
registrierte Genossenschaft mit beschränkter Haftung
9 auf Anteil 4
a 1879/2003 Pfandurkunde 1995-12-01, Urkunde 2003-02-13
PFANDRECHT Höchstbetrag EUR 35.000,–
für Bank Austria Aktiengesellschaft
12 auf Anteil 8
a 673/2005 Zwangsverwaltung zur Hereinbringung von EUR 6.037,– samt 4%
Zinsen ab 2005-04-13, Kosten EUR 978,32, für Rohrrein Installations GmbH
*** HINWEIS ***
Eintragungen ohne Währungsbezeichnung sind Beträge in ATS

So lesen Sie den Grundbuchauszug

Im A-Blatt ist der Vermerk „Wohnungseigentum in Vorbereitung" enthalten. Daraus ist ersichtlich, dass Wohnungen als künftige Eigentumswohnungen abverkauft werden. Im A2-Blatt ist der Umstand eingetragen, dass die Liegenschaft in einem Assanierungsgebiet nach dem Stadterneuerungsgesetz liegt. Damit bedarf jeder Verkauf eines Liegenschaftsanteiles einer besonderen behördlichen Genehmigung.

Im B-Blatt sind drei Miteigentümer eingetragen. Aufgrund der Daten der Kaufverträge ist ersichtlich, dass die ImmobilienhandelsgmbH 1996 die Liegenschaft erworben und in der Folge mit dem Abverkauf einzelner Wohnungen begonnen hat. Die Gesellschaft ist damit auch WE-Organisator geworden.

Mustermann und Gruber (B-LNr. 4 und 6) sind als schlichte Miteigentümer und WE-Bewerber („Zusage der Einräumung des Wohnungseigentums") eingetragen. Obwohl ihre Kaufverträge 2002 abgeschlossen wurden, ist in den vergangenen 16 Jahren noch kein Wohnungseigentum begründet worden!

In B-LNr. 8 lit f) ist eine weitere WE-Zusage eingetragen. Herr Kovacs ist damit nur WE-Bewerber, aber noch nicht Miteigentümer der Liegenschaft.

Im C-Blatt ist unter LNr. 2 ein Pfandrecht zugunsten einer Raiffeisenbank eingetragen. Das erste Pfandrecht wurde gleichzeitig mit dem Eigentumsrecht der ImmobilienhandelsgmbH eingetragen. Das Darlehen diente wahrscheinlich der Finanzierung des Kaufpreises. Auffällig ist jedoch, dass auch die beiden Wohnungskäufer, Mustermann und Gruber, mit diesen Darlehen belastet sind! Der Grund kann in einer vereinbarten Darlehensübernahme liegen, wahrscheinlicher aber sind Probleme mit der Lastenfreistellung. Das heißt, der Pfandgläubiger (Raiffeisenbank) hat seine Zustimmung zur Freistellung der verkauften Anteile nicht gegeben, weil das Darlehen von der ImmobilienhandelsgmbH nicht ordnungsgemäß zurückbezahlt wurde.

Unter C-LNr. 9 ist mit dem Pfandrecht nur der Miteigentumsanteil B-LNr. 4 (auf Anteil 4) belastet. Mit diesem Darlehen hat der Miteigentümer Mustermann seinen Kaufpreis (teil)finanziert.

Aus der Eintragung C-LNr. 12 ist ein exekutives Pfandrecht, nämlich die Zwangsverwaltung der Anteile der ImmobilienhandelsgmbH (auf Anteil 8), ersichtlich. Die Gesellschaft kann damit nicht mehr frei über ihre Anteile verfügen, da sie immer die Zustimmung des Zwangsverwalters benötigt.

Foto: Vodicka

Wohnungssuche

Definieren Sie Ihre ganz persönlichen Wohnbedürfnisse, bevor Sie sich auf die Suche begeben, und klären Sie Ihre tatsächlichen finanziellen Möglichkeiten.

Mieten oder kaufen?

Auf die Frage, ob die Anmietung einer Wohnung günstiger ist oder der Kauf einer Eigentumswohnung, gibt es keine allgemeingültige Antwort. Jeder Wohnungssuchende muss die Vor- und Nachteile abwägen, seine persönliche Situation berücksichtigen und entsprechend entscheiden. Die folgenden Aspekte sollten Sie jedoch auf jeden Fall bei Ihren Überlegungen berücksichtigen.

Das Mietrecht ist ein vertraglich eingeräumtes Recht, eine Räumlichkeit zu einem bestimmten Preis – dem Mietzins – zu benützen. Das Mietverhältnis wird durch Zeitablauf oder Kündigung beendet. Eine Mietwohnung kann weder verkauft noch vererbt werden. Nur im Anwendungsbereich des Mietrechtsgesetzes (MRG) können bestimmte nahe Angehörige (Ehegatte, Partner, Kinder usw.), die mit dem Mieter im gemeinsamen Haushalt gelebt haben und die Wohnung benötigen, das Mietverhältnis bei Auszug oder im Todesfall des bisherigen Mieters fortsetzen.

Diese dem Mieter aufgrund des MRG zustehenden Rechte können aber auch vertraglich erweitert werden und können so die Stellung des Mieters wesentlich verbessern. Dazu gehört z.B. die Einräumung eines Untervermiet- oder Weitergaberechtes.

Das Wohnungseigentum, eine Sonderform des Miteigentums an Liegenschaften, ist hingegen ein dingliches Recht. Es wird im Grundbuch eingetragen und kann gegen den Willen des Betroffenen praktisch nicht aufgelöst werden. Die Bestandsicherheit ist damit viel größer als bei einem Mietverhältnis. Während beim Mietverhältnis der Leerstand der Wohnung meistens einen Kündigungsgrund darstellt, kann der Wohnungseigentümer seine Wohnung problemlos leer stehen lassen.

Aufheben gestattet

Benützen Sie Ihre Wohnung nicht mehr selbst, wollen diese aber für Ihre Kinder oder Enkelkinder „aufheben", so ist das bei einer Eigentumswohnung problemlos möglich. Sie können die Wohnung in der Zwischenzeit auch vermieten. Bei einer Mietwohnung dagegen würden Sie Probleme bekommen, wenn der Hauseigentümer einem derartigen Vorschlag nicht ausdrücklich zustimmt.

Auch wenn für Sie als Wohnungssuchenden die Wohnung das Wichtigste ist, sollten Sie mitberücksichtigen, dass das dazu erforderliche Miteigentum an der Liegenschaft einen besonderen Vermögenswert darstellt. Es ist belehnbar, kann vererbt, verschenkt und verkauft werden. Das Eigentum an Liegenschaften wird im Grundbuch eingetragen und ist daher auch für Dritte einsehbar.

Eine Eigentumswohnung können Sie verkaufen, verschenken, vererben oder auch belehnen

Mit wachsender Wohnungsnachfrage und steigenden Liegenschaftspreisen erhöht sich auch der Wert des einzelnen Miteigentumsanteiles. Umgekehrt kann sich dieser Wert natürlich auch vermindern, etwa durch Änderungen im Flächenwidmungsplan. Wie sich der Markt in Zukunft entwickeln wird, lässt sich nicht vorhersagen. In Wien z.B. stiegen die Preise für Eigentumswohnungen in den letzten Jahren massiv an. Das ist aber keine Gewähr dafür, dass die Preise so hoch bleiben oder sogar weiter steigen. Mit dem Besitz eines Miteigentumsanteiles an einer Liegenschaft sind auch Pflichten verbunden. So haftet jeder einzelne Wohnungseigentümer, wie sonst nur der Alleineigentümer, auch für die Einhaltung der Bauvorschriften und kann bei Verstößen belangt werden. Ebenso besteht eine Haftung jedes Miteigentümers für öffentliche Steuern und Abgaben. Dazu gehören die Grundbesitzabgaben, die Wasser- sowie Abwassergebühren usw. Die Aufwendungen auf die Liegenschaft, Betriebskosten und Hauserhaltungskosten, müssen alle Miteigentümer entsprechend ihren Anteilen tragen.

Der Wohnungseigentümer hat gesetzlich zweifelsohne bedeutend mehr Mitbestimmungsrechte bei der laufenden Hausverwaltung als ein Mieter. Besonders bei größeren Wohnanlagen sind diese Mitbestimmungsmöglichkeiten zum Ärger der Wohnungseigentümer aber leider meist nur theoretischer Natur.

Finanzieller Aufwand

Der Kauf einer Eigentumswohnung setzt im Regelfall einen höheren Kapitaleinsatz voraus als die Anmietung einer Wohnung. Neben dem eigentlichen Kaufpreis sind auch die Nebenkosten, meist 7 bis 12 Prozent des Kaufpreises, zu berücksichtigen (► Seite 76). Auch bei geförderten

Eigentumswohnungen muss der Wohnungskäufer beträchtliche Barmittel selbst aufbringen.

Besitzen Sie das erforderliche Kapital, können Sie das Geld auch in eine gewinnbringende Anlage stecken (etwa festverzinsliche Wertpapiere). Den dabei zu erwartenden Ertrag müssen Sie mit den laufenden Kosten einer Mietwohnung vergleichen: In welchem Umfang könnte aus den Zinserträgen der Mietzins einer Wohnung bestritten werden? Berücksichtigen Sie dabei, dass das eingesetzte Kapital erhalten bleibt.

Haben Sie als Wohnungssuchender die für den Kauf einer Eigentumswohnung erforderlichen Barmittel nicht zur Gänze, müssen Sie über einen Teilbetrag einen Kredit oder ein Darlehen aufnehmen. Zusätzlich zur Kapitalrückzahlung ist auch die Verzinsung des aufgenommenen Betrages zu berücksichtigen.

Ausborgen kommt teuer

So viel kostet Sie Ihr 10.000-Euro-Darlehen wirklich. Für einen Kreditbetrag von 10.000 Euro berappen Sie:

- 1,5 % Bearbeitungsgebühr...150,00 Euro
- Monatliche Kreditrate (Laufzeit 15 Jahre, 180 Raten)..........84,68 Euro
- Auszahlungsbetrag (Kreditbetrag abzüglich Bearbeitungsgebühr)..9.850,00 Euro
- **Gesamtbelastung..15.242,40 Euro**

Das ergibt einen effektiven Jahreszinssatz von 6,30 %. Und nur auf den kommt es an.

Auch dazu Beispiele – für 10.000/100.000/300.000 Euro aufgenommenen Kapitals ergeben sich je nach Zinssatz folgende monatliche Belastungen (siehe Tabelle ► Seite 47).

Die Zinsenberechnung erfolgte in allen Beispielen im Nachhinein, bei monatlicher Rückzahlung an die Bank.

Um nicht in der Schuldenspirale zu landen, sollten Sie vor jeder Darlehensaufnahme überprüfen, wie hoch Ihr verfügbares Haushaltsbudget

Monatliche Rückzahlungen (Darlehen 10.000 Euro)

Laufzeit	Zinssatz jährlich			
	1 %	2 %	3 %	6 %
5 Jahre	170,85	175,09	179,38	192,59
10 Jahre	87,59	91,97	96,48	110,73
15 Jahre	59,86	64,36	69,05	84,25
20 Jahre	46,01	50,62	55,50	71,60
25 Jahre	37,72	42,44	47,49	64,44

Monatliche Rückzahlungen (Darlehen 100.000 Euro)

Laufzeit	Zinssatz jährlich			
	1 %	2 %	3 %	6 %
5 Jahre	1.708,50	1.750,90	1.793,80	1.925,90
10 Jahre	875,90	919,70	964,80	1.107,30
15 Jahre	598,60	643,60	690,50	842,50
20 Jahre	460,10	506,20	555,00	716,00
25 Jahre	377,20	424,40	474,90	644,40

Monatliche Rückzahlungen (Darlehen 300.000 Euro)

Laufzeit	Zinssatz jährlich			
	1 %	2 %	3 %	6 %
5 Jahre	5.125,50	5.252,70	5.381,40	5.777,70
10 Jahre	2.627,70	2.759,10	2.894,30	3.321,90
15 Jahre	1.795,80	1.930,80	2.071,50	2.527,50
20 Jahre	1.380,30	1.518,60	1.665,00	2.148,00
25 Jahre	1.131,60	1.273,20	1.424,70	1.933,20

für Darlehensrückzahlungen überhaupt ist. Haben Sie alle Ausgaben berücksichtigt, sollten Sie von der verbleibenden Summe noch einmal ein Drittel als Sicherheitspolster für unvorhergesehene Ausgaben abziehen. Was dann noch übrig bleibt, können Sie für die Rückzahlungsraten des Darlehens verwenden.

So viel bleibt übrig

Das müssen Sie vom monatlichen Familiennettoeinkommen abziehen, um nicht in die Schuldenspirale zu geraten:

- Kosten für Ernährung, Bekleidung, Hygiene
- Wohnungskosten (Zahlungen an die Hausverwaltung)
- Wohnungsbetriebskosten (Gas, Strom, Heizung, Telefon, Fernseh- und Radiogebühr)
- Versicherungsprämien
- Bestehende Kredit- und Leasingraten
- Schul- und Ausbildungskosten
- Kosten für Auto und öffentliche Verkehrsmittel

Als Faustregel hat sich bewährt: Die vorgeschriebenen Rückzahlungsraten sollten keinesfalls ein Drittel des Familieneinkommens übersteigen.

Geplante Nutzungsdauer

Wesentlich für die Entscheidungsfindung Kauf oder Miete ist die Frage, für welchen Zeitraum Sie eine Wohnung suchen bzw. für wie lange Sie in Ihrer persönlichen Lebenssituation überhaupt planen können. Wird die Wohnung nur für ein paar Jahre benötigt, so spricht dies eher für eine Anmietung. Es entfällt der hohe Eigenmitteleinsatz für Kaufsumme und Nebenkosten beim Wohnungskauf.

Wird hingegen die Wohnung „für immer" gesucht, so ist zumindest bei Neubauwohnungen die Eigentumsform zu empfehlen. Nachdem die Wohnung ausbezahlt ist, treffen Sie als Wohnungseigentümer nur mehr die Kosten der Hauserhaltung und -bewirtschaftung. Als Wohnungsmieter hingegen zahlen Sie nach wie vor Mietzins für die Wohnung, auch wenn die Kosten der Hauserhaltung geringer sind.

Bei Altbauwohnungen kann die Vergleichsrechnung anders aussehen. Je nach Zustand des Hauses können hohe Reparaturkosten anfallen. Wenn sich die Gelegenheit ergibt, in einem Haus mit hohem Reparaturbedarf eine Wohnung zu einem günstigen Hauptmietzins anmieten oder ankaufen zu können, sind Sie mit der Anmietung statt dem Ankauf der Wohnung wirtschaftlich oft besser dran. Auch in diesem Fall müssen

Sie natürlich Ihren persönlichen Zeithorizont in die Überlegungen mit einbeziehen.

Geförderte Mietkaufwohnung

Im Zuge der Neuordnung der Wohnbauförderung haben die meisten Bundesländer in den Förderungsbestimmungen einen Anspruch des Wohnungsmieters auf Eigentumsbildung unter ganz bestimmten Voraussetzungen festgeschrieben (Mietkaufmodell). Diese Regelungen finden sich auch im Wohnungsgemeinnützigkeitsgesetz für Wohnungen, die von einer gemeinnützigen Bauvereinigung mit Förderungsmitteln errichtet wurden. Folgende Voraussetzungen müssen erfüllt sein:

Erst Mieter, dann Wohnungseigentümer

- Vom Land wird für die Gebäudeerrichtung eine Förderung zur Errichtung von Mietwohnungen gewährt.
- Ein bestimmter Mindestbetrag wird bei Mietbeginn als Einmalzahlung auf den Mieter überwälzt. In der Praxis muss der Mieter zumindest die anteiligen Grundkosten als Finanzierungsbeitrag bei Mietbeginn bezahlen.
- Es wird zunächst ein herkömmlicher unbefristeter Mietvertrag geschlossen.
- Nach zehnjähriger Mietdauer kann der bisherige Mieter seine Wohnung im Wohnungseigentum erwerben. Für Mietverträge ab 1. August 2019 besteht bereits nach fünfjähriger Mietdauer die Möglichkeit des Erwerbs in Wohnungseigentum.

Mit der Umwandlung der Mietwohnung in eine Eigentumswohnung wird auch die Wohnbauförderung angepasst. In manchen Fällen ist die Förderung teilweise zurückzuzahlen, oder sie wird nur für die Zukunft gekürzt. Da hier die Rechtslage in den einzelnen Bundesländern unterschiedlich ist, müssen Sie nähere Auskünfte bei der jeweiligen Landesförderungsstelle einholen.

Wohnbauförderung ist in Österreich Ländersache

Die Höhe des nach zehn Jahren zu bezahlenden Kaufpreises wird in den seltensten Fällen bereits bei Mietbeginn fixiert. Meistens gibt der Bauträger erst nach Ablauf der zehnjährigen Frist die Konditionen für den Wohnungskauf bekannt. Dazu gehört neben dem (Bar-)Kaufpreis z.B. auch die Übernahme bestehender Darlehen. Erst nach Fixierung der Konditionen kann sich der Mieter endgültig entscheiden, ob er seine Wohnung im Wohnungseigentum erwerben will oder nicht.

Der Vorteil dieses Modells liegt darin, dass zunächst die besser dotierte Wohnbauförderung für den Mietwohnungsbau in Anspruch genommen werden kann. Damit ist die laufende monatliche Belastung geringer als bei einer geförderten Eigentumswohnung. Außerdem ist für den Wohnungskauf nach zehn Jahren keine Umsatzsteuer zu bezahlen. Ein weiterer Vorteil ist, dass Sie die Mitbewohner im Haus, den Gebäudezustand und die Wohnumgebung nach zehn Jahren bereits kennen, wenn Sie sich endgültig für den Kauf Ihrer Wohnung entscheiden.

Kauf der eigenen Altbauwohnung

Auch im privaten Althausbereich ist seit einigen Jahren ein verstärkter Druck zum Wohnungseigentum bemerkbar. Leider stehen hinter dieser Verwertungsstrategie in den meisten Fällen spekulative Absichten: Eine Einzelperson oder eine Immobilienverwertungsgesellschaft erwirbt ein Miethaus. Zunächst wird versucht, möglichst viele Wohnungen freizubekommen. Den verbleibenden Mietern wird mit Kündigung gedroht, sollten sie ihre Wohnung nicht als Eigentumswohnung erwerben. Dieser Kündigungsdrohung fehlt aber meistens jede gesetzliche Grundlage.

Kündigungsschutz

Um eine Eigenbedarfskündigung ohne Ersatzbeschaffung gegen einen Wohnungsmieter durchsetzen zu können, muss der Vermieter seit zehn Jahren zumindest die Hälfte der Liegenschaft besitzen. Weiters muss er einen dringenden unverschuldeten Wohnbedarf haben. Ein Wohnbedarf scheidet bei Firmen aber regelmäßig aus. Der Versuch, Wohnungen auf diese Weise freizumachen, scheitert daher im gerichtlichen Kündigungsverfahren.

Damit besteht für den Mieter, der oft nur einen geringen Mietzins zahlt, überhaupt keine Veranlassung, seine Wohnung noch einmal zu „kaufen", nachdem er oft schon vorher Ablöse bezahlt hat. Im Einzelfall können nur persönliche Gründe wie die Vererbbarkeit des Eigentumsrechtes oder der Wunsch nach Grundvermögen für den Mieter den Eigentumserwerb sinnvoll machen.

Eigenbedarf kein Kündigungsgrund

Lassen Sie sich nicht einschüchtern, wenn der neue Hauseigentümer bei der Wohnungsbegehung gleich mit einer Aufkündigung Ihres Mietverhältnisses wegen Eigenbedarf droht. In der Regel kann weder er noch ein künftiger Käufer Ihrer Wohnung diesen Kündigungsgrund durchsetzen. Erhalten Sie eine Kündigung, müssen Sie trotzdem binnen vier Wochen beim Bezirksgericht Einwendungen erheben. Nur dann wird der geltend gemachte Kündigungsgrund gerichtlich überprüft.

Die Wohnungsauswahl

Vor der Entscheidung für eine Wohnung oder ein Wohnprojekt sollten Sie sich genügend Zeit nehmen, um zunächst über Ihre eigenen Bedürfnisse und Möglichkeiten Klarheit zu bekommen. Als günstig hat es sich erwiesen, eine persönliche Wunschliste zu erstellen. In dieser sollten Sie zunächst die eigenen Vorstellungen und Wünsche möglichst vollständig erfassen: Wohnungslage, Größe, Ausstattung usw. Natürlich gehört dazu auch ein finanzieller Fahrplan. Ausgehend von Ihren aktuellen Einkommens- und Vermögensverhältnissen kann damit ein finanzieller Rahmen erstellt werden, den die zu erwartenden Belastungen nicht übersteigen dürfen. Um bei unerwarteten Lebensumständen wie z.B. Arbeitslosigkeit nicht sofort zahlungsunfähig zu werden, sollten Sie bei dieser Finanzplanung unbedingt eine Reserve mit einkalkulieren.

Auch bei Wohnungsbesichtigungen oder der Durchsicht von Planunterlagen bei Neubauprojekten sollten Sie auf eine Checkliste nicht vergessen, in diesem Fall eine wohnungsbezogene Checkliste. In diese Liste nehmen Sie die tatsächlichen Eigenschaften der angebotenen Wohnung auf: Wohnungslage, Wohnungsgröße, Grundrissgestaltung, Ausstattung usw. Weiters die Kostenbelastung durch die Kaufpreiszahlungen und die zu erwartenden monatlichen Wohnkosten. Bei den laufenden Wohnkosten müssen Sie unbedingt auch die Wohnungsbetriebskosten mit einkalkulieren: Kosten für Heizung, Strom, Gas, Telefon usw. Eine Checkliste zum Kopieren finden Sie auf ► Seite 52 ff.

Checkliste für Ihre Wohnung

Was ist für die Beurteilung einer Wohnung wichtig? Unsere Liste gibt Anhaltspunkte, worauf Sie achten sollen. Die Informationen, die Sie bei einer Besichtigung bzw. einem Informationsgespräch erhalten, tragen Sie in die Liste ein. Das erleichtert Ihnen den Vergleich verschiedener Wohnungen bzw. Projekte.

Lage und Wohnumgebung

Ort, Anschrift: ....

❒ Flächenwidmungs- und ....
❒ Bebauungsplan ....
❒ Grünflächen ....
❒ Parks ....
❒ Spielplatz ....
❒ Kindergarten ....
❒ Schule ....
❒ Ärztliche Versorgung/Apotheke ....
❒ Nahversorgung ....
❒ Öffentliche Verkehrsmittel ....
❒ Kfz-Parkmöglichkeiten ....
❒ Verkehrslärm ....
❒ Betriebe in der Umgebung ....
❒ Betriebslärm ....
❒ Geruchsbelästigung ....

Liegenschaft und Gebäude

Daten laut Grundbuch:
Einlagezahl (EZ) ....
Katastralgemeinde (KG) ....
Grundstücksgröße ....
Eigentümer (Verkäufer) ....
Belastungen ....
Anzahl der Wohnungen und Geschäftsräumlichkeiten im Haus ....

Ausstattung mit Gemeinschaftsanlagen

❒ Aufzug ....
❒ Waschküche ....
❒ Sauna ....
❒ Schwimmbad ....
❒ Gemeinschafts- und Hobbyräume ....
❒ Abstellräume für Kinderwägen/Fahrräder ....
❒ Garage oder Abstellplätze für Kfz ....

❒ Grünanlage ....
❒ Spielplatz im Hof ....

Erhaltungszustand des Gebäudes
Dach ....
Fassade und Fenster ....
Ver- und Entsorgungsleitungen ....
Stiegenhaus ....
Wurden zuletzt Reparaturen durchgeführt? ....
Höhe der Rücklage für Reparaturen? ....
Name und Anschrift der Hausverwaltung ....
Energieausweis vorhanden ja/nein ....

Eckdaten der Wohnung
Nutzfläche ....
Anzahl der Räume (Widmung) ....
❒ Balkon ....
❒ Terrasse ....
❒ Loggia ....
Lage der Räume – Stockwerkslage ....
❒ straßenseitig (Lärm) ....❒ hofseitig
Belichtung: Himmelsrichtung ❒ O ❒ S ❒ W ❒ N

Zubehör zur Wohnung
❒ Keller-, Dachbodenabteil ....
❒ Gartennutzung ....
❒ Garage ....
❒ Abstellplatz als Zubehör oder selbstständiges WE-Objekt ....

Ausstattung und Zustand der Wohnung
❒ Sanitärräumlichkeiten ....
❒ Küche ....
❒ Andere Räume ....
❒ Beheizung ....
❒ Warmwasser ....
❒ Elektroinstallationen ....
❒ Böden ....
❒ Fenster ....
❒ Türen ....
❒ Telefon- und Kabelanschluss ....
❒ Befunde über Installationen und Heizungsanlage ....

Checkliste für Ihre Wohnung

Checkliste für Ihre Wohnung

Kosten

Gesamtkaufpreis ....

❒ Lastenfreiheit oder ....

❒ Darlehensübernahme ....

Bei noch nicht endabgerechneten Neubauten

❒ Fixpreis ....

❒ Veränderlicher Preis ....

❒ Basis für Preissteigerungen ....

❒ Obergrenze für Preissteigerungen ....

❒ Wohnbauförderung ....

❒ Darlehensübernahme ....

❒ Grunderwerbsteuer ....

❒ Grundbucheintragungsgebühr ....

❒ Maklerprovision ....

❒ Reparaturaufwand für das Haus

Kosten Renovierung/Umbau Wohnung ....

Laufende Kosten

Höhe Rücklage Hausverwaltung (Betriebskosten, Verwaltergebühr) ......

Darlehensrückzahlungen ....

Heizung, Warmwasser, Energie ....

Telefon, Rundfunkgebühr ....

Haushaltsversicherung ....

Rechtsform

Eingetragene Eigentumswohnung

❒ bestehender Wohnungseigentumsvertrag wurde übergeben ....

Wohnungseigentumsbegründung noch nicht durchgeführt

❒ Nutzwertfeststellung bereits erfolgt? ....

❒ Entwurf Wohnungseigentumsvertrag bereits vorhanden? ....

❒ Endtermin für Wohnungseigentumsbegründung ....

Kaufvertragsabwicklung

Vertragserrichter ....

❒ Treuhandabwicklung

❒ Rangordnungsbescheid des Verkäufers

Kosten der Vertragserrichtung ....

Wenn noch kein Wohnungseigentum besteht

Kosten der späteren Wohnungseigentumsbegründung ....

❒ Zusage der Wohnungseigentumsbegründung gemäß § 40 WEG

❒ Sofortige Verbücherung der Zusage gemäß § 40 WEG

❒ Abschluss und Verbücherung des Kaufvertrages

Immer vergleichen

Wenn Sie beabsichtigen, eine Wohnung zu kaufen, erheben Sie zunächst im Grundbuch den Eigentümer und die eingetragenen Belastungen. Vergleichen Sie diese mit den Daten des Anbieters.

Vergleichen Sie Ihre persönliche Wunschliste mit den Daten aus den Checklisten der besichtigten Wohnungen, ergibt sich der Grad der Übereinstimmung zwischen Ihren persönlichen Vorstellungen und den Eigenschaften einer konkreten Wohnung. Da in den seltensten Fällen eine gänzliche Übereinstimmung zwischen gewünscht und angeboten zu erwarten ist, müssen Sie nach Feststellung der Abweichungen selbst die Entscheidung für oder gegen eine bestimmte Wohnung treffen.

Möchten Sie eine Wohnung kaufen, sollten Sie unbedingt den Grundbuchstand erheben. Interessant sind die Daten über den Liegenschaftseigentümer und die Belastungen. Nur so können Sie überprüfen, ob auch tatsächlich der (Mit-)Eigentümer einer Liegenschaft als Anbieter auftritt (Näheres zum Grundbuch finden Sie ab ► Seite 31).

Kriterien für die Wohnungsauswahl

Ohne Anspruch auf Vollständigkeit werden im Folgenden einige Kriterien aufgezeigt, die bei der Wohnungsauswahl berücksichtigt werden sollten.

Standort und Verkehrsinfrastruktur

In welcher Entfernung liegt die Wohnung zum Arbeitsplatz oder der Ausbildungsstätte aller Familienmitglieder? Mit welcher Fahrtdauer ist zu rechnen? Wie gut sind die Verbindungen mit öffentlichen Verkehrsmitteln? Gibt es Fahrradwege oder ist die Benützung eines Autos für die tägliche An- und Rückfahrt unbedingt notwendig?

Nicht nur die Wohnung, sondern auch ihre Umgebung ist wichtig

Umgebung und Versorgung

Wo befinden sich die nächsten Geschäfte für den täglichen Bedarf wie Supermarkt, Putzerei, Apotheke, Arzt, Post? Sind Schule und Kindergarten zu

Fuß erreichbar? Gibt es in der näheren Umgebung Naherholungsflächen, Parks oder Sportanlagen, ein Schwimmbad sowie auch Kultur- und Kommunikationseinrichtungen?

Ist mit einer Lärm- oder Geruchsbelästigung durch nahe gelegene Betriebe oder Straßenverkehr zu rechnen?

In Neubaugebieten müssen Sie die Planungen für das gesamte Gebiet berücksichtigen. Erkundigen Sie sich am Gemeindeamt, ob in naher Zukunft Betriebsansiedlungen, Straßenbauten usw. geplant sind.

Lage der Wohnung innerhalb des Gebäudes

Wesentliches Kriterium für die Wohnqualität einer bestimmten Wohnung ist die Stockwerkslage und die Ausrichtung der Wohnung nach den Himmelsrichtungen. Je höher die Stockwerkslage, desto wichtiger wird ein Aufzug. Auch der Heizenergiebedarf ist maßgeblich von der Lage der Wohnung im Gebäude abhängig. Die Übergabe eines Energieausweises beim Abschluss von Kaufverträgen ist jedenfalls verpflichtend. Auch wenn sich daraus nicht der tatsächliche Energiebedarf für eine bestimmte Wohnung ergibt, so hilft doch der Vergleich der Kennzahlen von verschiedenen Angeboten. Näheres dazu ► Seite 60.

Wohnungsausstattung und Wohnungsgrundriss

Befriedigt der Grundriss bzw. die Raumaufteilung die Bedürfnisse sämtlicher künftigen Bewohner? Besonders bei Kindern ändern sich die Bedürfnisse mit zunehmendem Alter. Auch eine große Wohnung kann dann nicht entsprechen, wenn sie überwiegend Durchgangszimmer aufweist und damit eine gesonderte Nutzung der einzelnen Räume nicht zulässt.

Bei der Wohnungsausstattung werden von der „nackten" Wohnung bis hin zur luxuriösen Ausstattung alle Kategorien angeboten. Außerhalb des Bereiches der standardisierten Neubauausstattung lässt sich ein angemessenes Preis-Leistungs-Verhältnis nur durch den Vergleich verschiedener Angebote feststellen.

Neubauprojekte

Bei Neubauprojekten, die noch nicht fertiggestellt sind, können Sie zunächst nur anhand der Planunterlagen und Baubeschreibungen eine Auswahl treffen. Folgende Kriterien sollten Sie beachten.

Projektgröße und Gemeinschaftsanlagen

Bei großen Wohnungsanlagen werden demokratische Entscheidungen schwierig

Die Gesamtgröße des Gebäudes bzw. der Anlage bestimmt einerseits den optischen Eindruck, andererseits die künftige gemeinsame Nutzung und Verwaltung. Je größer die Anlage, desto schwieriger werden demokratische Entscheidungen. Eine Lähmung der Eigentümergemeinschaft führt aber, wie die Praxis in vielen Anlagen zeigt, zu einer Vormachtstellung der Verwaltung und damit zu einer Entrechtung der Wohnungseigentümer.

Über welche Gemeinschaftseinrichtungen verfügt die Anlage? Gibt es Abstellräume für Fahrräder und Kinderwägen, Kellerabteile, Aufzug, Waschküche, Hobbyräume, Sauna und/oder Schwimmbad, Kinderspielplätze und Grünanlagen?

Wie sieht es mit den geplanten Garagen- oder Abstellplätzen für Autos aus? Werden diese als selbstständige Wohnungseigentumsobjekte verkauft oder bleiben sie im gemeinsamen Eigentum der Eigentümergemeinschaft? Im zweiten Fall müssen Sie darauf achten, wie die Abstellplätze vergeben werden sollen.

Bauqualität und Wohnungsausstattung

Der Energiebedarf für die Raumheizung hängt maßgeblich von der Wärmedämmung der Mauern, der Fenstergröße und -ausgestaltung und den Raumhöhen ab. Vom Bauträger bekommen Sie eine standardisierte Wohnungsausstattung, die im Kaufpreis inbegriffen ist. Änderungs- oder Sonderwünsche werden oft nur gegen erheblichen Aufpreis zugelassen. Wenn Ihnen vieles nicht konveniert, sollten Sie überlegen, ob Sie zunächst vielleicht mit der Standardausstattung das Auslangen finden und erst nach Wohnungsübergabe bzw. nach Ablauf der dreijährigen Gewährleistungsfrist Änderungen vornehmen.

Mitgestaltung bei Planung und Bau

Immer mehr Wohnungsinteressenten wollen an der Planung ihres künftigen Heimes mitarbeiten. Da die typisierte Standardwohnung den Bedürfnissen geänderter Lebensformen von heute – z.B. Alleinerzieher oder Wohngemeinschaften – kaum noch entspricht, möchten viele nicht nur einzelne Ausstattungsmerkmale (Sonderwünsche) bestimmen, sondern auch am Planungsprozess und der Bauabwicklung teilnehmen. Verschiedene Bauträger bieten den Wohnungswerbern zwar Mitbestimmungsmöglichkeiten an, diese sind aber meist auf einzelne Schritte im Bauablauf beschränkt.

Die umfassendste Möglichkeit, Einfluss auf Planung und Bau zu nehmen, ist, ein eigenes bzw. gemeinsames Bauvorhaben mithilfe geeigneter Architekten und Bauträger zu organisieren. Mittlerweile gibt es eine Vielzahl von Initativen, die sich mit gemeinsamem Wohnen beschäftigen und ihre Erfahrungen auch gern an interessierte Personen weitergeben. Die Mitbestimmung bei Planung und Bau erfordert viel Zeit und Engagement sowie die Bereitschaft, sich demokratischen Entscheidungsprozessen zu unterziehen und zu unterwerfen. Sie sichert aber individuelle Lösungen, die den persönlichen Bedürfnissen eher entsprechen als Wohnungen „von der Stange".

Wollen Sie bei der Planung mitbestimmen, brauchen Sie viel Zeit und Geduld

Erwerb einer bestehenden Wohnung

Beim Erwerb einer bestehenden Wohnung brauchen Sie sich über Planung und Änderungswünsche gegenüber dem Verkäufer keine Gedanken zu machen. Hier wird Ihnen eine konkrete Wohnung mit einer bestimmten Ausstattung angeboten.

Erhaltungszustand und Ausstattung der Wohnung

Insbesondere im Altgebäudebestand (Errichtung vor 1945) kommt es noch immer vor, dass Wohnungen mit mangelhaften bis lebensgefährlichen Elektroinstallationen ausgestattet sind. Haben Sie Zweifel an der Funktionsfähigkeit der Installationen, verlangen Sie vom Verkäufer

Befunde über den Leitungszustand. Kann er keine vorlegen, beauftragen Sie selbst einen Professionisten, der den Zustand der Leitungen überprüft. Dasselbe gilt für die Heizung in der Wohnung und für Geräte zur Warmwasseraufbereitung, z.B. Kombitherme oder Boiler.

Lassen Sie im Zweifelsfall den Zustand der Leitungen von einem Profi überprüfen

Nachträgliche Wohnungsumbauten oder -einbauten, z.B. ein Bad-Einbau, wurden sehr oft ohne baubehördliche Bewilligung vorgenommen. Damit Sie als Wohnungskäufer keiner baubehördlichen Strafmaßnahmen gewärtig sein müssen, sollten Sie überprüfen, ob die erforderlichen Genehmigungen eingeholt wurden. Ein seriöser Verkäufer wird über diesbezügliche Unterlagen verfügen. Sind keine Unterlagen vorhanden, müssen Sie bei der Baubehörde Planeinsicht nehmen. Dazu ist eine Vollmacht des Eigentümers notwendig.

Erhaltungszustand des Hauses

Mindestens ebenso wichtig ist es, den Zustand des Gebäudes selbst zu überprüfen bzw. überprüfen zu lassen. Desolate Steigleitungen, Fassaden, Fenster und Dacheindeckungen werden auf Kosten der Miteigentümer repariert. Jede notwendige Hausreparatur belastet daher Sie als Käufer zusätzlich!

Um einen Überblick über die in den letzten Jahren durchgeführten Arbeiten zu erhalten, können Sie vom Verkäufer Einsicht in die entsprechenden Rechnungen und Abrechnungen verlangen, aber auch die Bewohner des Hauses befragen. Die Hausbewohner haben im Regelfall den besten Einblick in die Probleme ihres Hauses.

Gutachten zum Bauzustand

Ist das Haus älter als zwanzig Jahre und soll Wohnungseigentum daran erst begründet werden, so muss Ihnen der Verkäufer ein Gutachten sowohl über den Bauzustand des Gebäudes als auch über die in absehbarer Zeit notwendigen Erhaltungsarbeiten vorlegen.

Das Gutachten ist von einem Ziviltechniker oder einem beeideten Sachverständigen zu erstellen, darf nicht älter als ein Jahr sein und ist ausdrücklich in den Kaufvertrag einzubeziehen. Wird kein derartiges Gutachten übergeben, so tritt eine besondere Gewährleistungsfolge ein: Der Käufer kann sich auf die Vereinbarung berufen, dass in den nächsten zehn Jahren keine größeren Erhaltungsarbeiten notwendig sind bzw. dass er hiefür keine anteiligen Kosten tragen muss.

Rücklage (Hauptmietzinsreserve) und Abrechnungen

Die Rücklage für künftige Reparaturen gehört der Eigentümergemeinschaft

Handelt es sich um eine Wohnung, an der bereits Wohnungseigentum begründet ist, so besteht im Regelfall eine Rücklage für künftige Aufwendungen (► Seite 150). Diese Rücklage ist Eigentum der Eigentümergemeinschaft und wird anlässlich des Verkaufes einer Eigentumswohnung nicht herausgegeben. Trotzdem ist es für Sie als Käufer wichtig, zu wissen, wie hoch die Rücklage des Hauses ist, um die Kosten künftiger Reparaturen abdecken zu können. Mindestens ebenso wichtig ist die Frage, ob Rückstände einzelner Miteigentümer bestehen. Wenn ja, so kann unter Umständen auch der Käufer zur Haftung herangezogen werden.

Liegt die (künftige) Eigentumswohnung in einem Mischhaus mit Altmietern, so ist aus den vereinnahmten Hauptmietzinsen eine Hauptmietzinsreserve für künftige Reparaturen zu bilden. Je nach vertraglicher Vereinbarung kann dabei auch der Käufer zur Haftung herangezogen werden. Ist im Kaufvertrag kein Haftungsausschluss vorgesehen, so sollten Sie auf der Ausfolgung einer Abrechnung über die Hauptmietzinsreserve bestehen.

Auch aus den Vorjahresabrechnungen für die Wohnungseigentümer des Hauses lässt sich einerseits der tatsächliche Wohnungsaufwand und andererseits die Verwalterpraxis bei der Rechnungslegung feststellen. So können Sie z.B. gleich selbst überprüfen, wie übersichtlich die Abrechnungen gegliedert sind.

Der Energieausweis

Seit 1. Dezember 2012 ist bei jedem Verkauf (aber auch bei Vermietung) eines Nutzungsobjektes vom Verkäufer ein Energieausweis vorzulegen, der die Gesamtenergieeffizienz des Gebäudes (des Nutzungsobjektes) angibt. Der Energieausweis muss spätestens bei Vertragsabschluss übergeben werden und darf nicht älter als zehn Jahre sein. Wird die Vorlage eines Energieausweises vom Verkäufer unterlassen, so gilt zumindest eine dem Alter und der Art des Gebäudes entsprechende Gesamtenergieeffizienz als vereinbart. Sie haben in diesem Fall auch das Recht, selbst die Erstellung eines Energieausweises zu beauftragen und die Kosten vom

Verkäufer rückzufordern. Überdies kann die Bezirksverwaltungsbehörde (der Magistrat) gegen den Verkäufer wegen Nichtvorlage des Energieausweises eine Verwaltungstrafe verhängen.

Die Daten des Energieausweises ergeben sich aus vergleichbaren (standardisierten) Berechnungen zur Energieeffizienz von Gebäuden. Die Kaufinteressenten sollen damit in die Lage versetzt werden, ihre Kaufentscheidung verstärkt auch von den energietechnischen Eigenschaften eines Nutzungsobjektes abhängig zu machen.

Nachteil der österreichischen Regelung – in Umsetzung einer EU-Richtlinie – ist, dass ein Energieausweis nicht für das konkrete Objekt erstellt werden muss. Auch bei Ankauf oder Anmietung nur eines Objektes in einem Gebäude erfüllt ein Energieausweis für das gesamte Gebäude die Anforderungen des Gesetzes. Unter Berücksichtigung der unterschiedlichen Lage von Wohnungen innerhalb eines Gebäudes ist der vorzulegende Energieausweis (über das gesamte Gebäude) daher nur sehr eingeschränkt für den tatsächlich zu erwartenden Energieverbrauch eines Objektes aussagekräftig. Er stellt eher eine Orientierungshilfe dar, damit Sie als Wohnungsinteressent die Kennzahlen verschiedener Gebäude vergleichen können.

Der Immobilienmakler

Bei der Wohnungssuche, besonders via Zeitungsannoncen, werden Sie oft auf Immobilienmakler stoßen. Gewerbsmäßige Immobilienvermittlung darf nur von jenen ausgeübt werden, die dafür eine Gewerbeberechtigung besitzen. Möchten Sie bei Ihrem Makler auf Nummer sicher gehen, können Sie bei der Gewerbebehörde und der Innung der Immobilien- und Vermögenstreuhänder nachfragen. Die Auskunft ist kostenlos.

Ein Immobilienmakler vermittelt den Kauf eines Liegenschaftsanteiles, einer Eigentumswohnung oder den Abschluss eines Darlehensvertrages. Der Makler ist daher nicht selbst Verkäufer(!), sondern er vermittelt nur zwischen Ihnen als Käufer und dem Verkäufer.

Die Maklerprovision ist eine Erfolgsprovision, die grundsätzlich nur zu bezahlen ist, wenn das vom Makler vermittelte Geschäft oder ein zweckgleiches Geschäft mit der vom Makler namhaft gemachten Person zustande kommt. Wurde kein Vermittlungsauftrag erteilt, wird auch keine Provision fällig. Vorsicht: Vermittlungsaufträge können auch mündlich oder schlüssig zustande kommen.

Eine Provision für den Makler gibt es nur im Erfolgsfall

Als erfolgreiche Vermittlung gilt – und damit hat ein Makler bereits Anspruch auf Provision –, wenn der Makler dem Wohnungssuchenden die Kaufgelegenheit nachweist und dieser dann (auch ohne weitere Beteiligung des Maklers) mit dem Verkäufer einen Kaufvertrag schließt. Hat ein Wohnungssuchender die Kaufgelegenheit aber durch ein Inserat des Abgebers selbst gefunden, entsteht auch dann kein Provisionsanspruch, wenn der Wohnungsverkäufer zusätzlich einen Makler beauftragt hat. Ohne Vermittlungserfolg haben Makler nur in ganz wenigen Ausnahmefällen Anspruch auf Provision. Solche besonderen Provisionsfolgen nach § 15 Maklergesetz müssen schriftlich vereinbart werden und betreffen im wesentlichen Fälle, in denen sich der Auftraggeber pflichtwidrig verhält. Ein bereits entstandener Provisionsanspruch kann rückwirkend wieder verloren gehen. Und zwar dann, wenn der Kaufvertrag aus Gründen, die nicht vom Käufer zu vertreten sind, nie ausgeführt wird.

Der Makler hat bestimmte Pflichten, bei deren Verletzung eine Minderung der vereinbarten Provision geltend gemacht werden kann. In einem Fall der Pflichtverletzung, nämlich dem Verschweigen des wirtschaftlichen Naheverhältnisses zu einem Auftraggeber, steht ihm überhaupt keine Provision zu.

Ein Makler hat die Interessen seiner Auftraggeber redlich und sorgfältig zu wahren. Das heißt, dass er, selbst wenn er zuerst vom Verkäufer beauftragt worden ist, auch den Wohnungssuchenden vor Nachteilen schützen muss. Er muss alle Umstände, die für die Beurteilung des geplanten Kaufvertrages wesentlich sind, dem Käufer bekannt geben. Und er ist verpflichtet, den Wohnungsabgeber umgehend zu verständigen,

Später zahlen

Vereinbaren Sie, dass die Provision erst mit der beglaubigten Unterzeichnung des Kaufvertrages durch alle Vertragspartner fällig wird – also erst dann, wenn wirklich alles unter Dach und Fach ist.

wenn ihm ein Anbot eines Wohnungsinteressenten vorliegt. Folgende Punkte muss ein Immobilienmakler dem wohnungssuchenden Konsumenten schriftlich bekannt geben:

- Sein Einschreiten und seine Tätigkeit als Makler.
- Die durch den Geschäftsabschluss voraussichtlich erwachsenden Gesamtkosten, also Kaufpreis und Nebenkosten. Zur Aufklärung über die Nebenkosten wird meistens ein Merkblatt der Maklerinnung verwendet.
- Die Höhe der Vermittlungsprovision.
- Den Umstand, dass der Makler bereits für den Wohnungsverkäufer tätig ist und damit als Doppelmakler agiert.
- Ein allfälliges wirtschaftliches oder familiäres Naheverhältnis zum Wohnungsabgeber. Dies betrifft z.B. den Fall, dass eine Tochterfirma eines Bauträgers dessen Wohnungen zum Verkauf anbietet und eine Provisionsvereinbarung trifft. Wird kein Hinweis auf das wirtschaftliche Naheverhältnis gegeben, steht auch im Erfolgsfall keine Provision zu.
- Eine Belehrung über das Rücktrittsrecht des Konsumenten (Näheres dazu ► Seite 69).
- Alle Umstände, die für das zu vermittelnde Geschäft wesentlich sind. Je nach Einzelfall gehören dazu die Fragen: Ist Wohnungseigentum bereits begründet? Welche Belastungen sind zu übernehmen? Welche bereits absehbaren weiteren Kosten kommen auf den Käufer zu? Liegt für den derzeitigen Wohnungsgrundriss (Sanitärräumlichkeiten) eine baurechtliche Genehmigung vor? Sorgt der Makler auch für die Finanzierung? Wenn ja, zu welchen Konditionen? Im Einzelfall können auch noch weitere Punkte für den Wohnungskauf so wichtig sein, dass der Makler sie bekannt geben muss.

Immobilienmakler verwenden meist zwei Vertragsformblätter, die sie einem Wohnungssuchenden zur Unterschrift vorlegen:

- den Besichtigungsschein und
- das Anbot zum Kauf einer Wohnung

Besichtigungsschein

Ein Besichtigungsschein verpflichtet Sie zu nichts, ein Anbot sehr wohl

Mit dem Besichtigungsschein (auch Bestätigung genannt) bestätigen Sie als Wohnungssuchender lediglich, dass Ihnen die Kaufgelegenheit vom Makler angeboten wurde und Sie die Wohnung besichtigt haben. Nur im Falle des Kaufes der Wohnung wird eine Erfolgsprovision fällig, deren Höhe vom Kaufpreis abhängt.

Derartige Formulare können Sie unbesorgt unterschreiben, da sie nicht zum Abschluss eines Vertrages über die Wohnung zwingen.

Anbot

Anders verhält es sich mit der Unterzeichnung eines Kaufanbots. Dieses stellt eine verbindliche Zusage dar, eine bestimmte Wohnung zu einem bestimmten Preis kaufen zu wollen. Mit der Unterzeichnung des Anbots wird gleichzeitig auch ein Vermittlungsvertrag samt Provisionsvereinbarung mit dem Makler geschlossen. Das Anbot ist sowohl gegenüber dem Makler als auch gegenüber dem Verkäufer der Wohnung verbindlich. Dem Verkäufer steht es jetzt frei, das Anbot anzunehmen oder nicht. Ein einseitiger Rücktritt des Wohnungssuchenden vom Anbot ist im Regelfall nicht mehr möglich (Ausnahmen finden Sie bei den Rücktrittsrechten ► Seite 69).

Mit der Unterzeichnung des Kaufanbots offerieren Sie als Wohnungssuchender (in Umkehrung der tatsächlichen Interessenslage), die Eigentumswohnung bzw. den Liegenschaftsanteil samt Wohnung zu bestimmten Konditionen kaufen zu wollen. Wird Ihr Anbot vom Verkäufer innerhalb der Anbotsfrist angenommen, so liegt eine Parteieneinigung vor und der Provisionsanspruch des Maklers wird bereits zu diesem Zeitpunkt fällig! Die Errichtung und Unterzeichnung des schriftlichen Kaufvertrages dient dann nur noch der Beurkundung des bereits früher geschlossenen Vertrages.

Aufgrund der Verbindlichkeit eines Anbots müssen Sie daher vor dessen Unterzeichnung alle wesentlichen Punkte abklären und festhalten. Dazu gehört die Prüfung der rechtlichen und technischen Eigenschaften der Wohnung. Liegt Wohnungseigentum bereits vor? Wie ist der

Zustand der Wohnung und des Gebäudes? Unbedingt abklären müssen Sie vor Anbotslegung die Frage der Finanzierung des Kaufpreises. Diese beiden Punkte sollten in keinem Anbot fehlen:

- **Lastenfreier Erwerb oder Darlehensübernahme – Wohnbauförderung?** Im zweiten Fall ist die genaue Höhe des offenen („aushaftenden") Darlehens anzugeben. Handelt es sich um ein gefördertes Darlehen, so müssen Sie als Käufer auch die Voraussetzungen für die Wohnbauförderung erfüllen, z.B. Nichtüberschreiten der Einkommensgrenzen. In Wien wird in bestimmten Fällen, abhängig von der Art der gewährten Förderung, keine Zustimmung zur Förderungsübernahme bei der Wohnungsvermittlung durch einen Makler gegeben!
- **Finanzierung gesichert?** Ist die Finanzierung noch nicht gesichert, muss auch eine Bedingung zur Finanzierung in das Anbot aufgenommen werden. Und so könnte ein solcher Zusatz aussehen: „Dieses Anbot gilt vorbehaltlich der Zusage eines Bausparkassen- oder Bankdarlehens über 30.000 Euro mit zwanzigjähriger Laufzeit und einer monatlichen Rückzahlungsbelastung von höchstens 170 Euro."

Bietet der Makler die Beschaffung eines Darlehens an, so ist auch dies unbedingt in das Anbot aufzunehmen. Verlassen Sie sich nicht auf

Was Ihnen der Makler verspricht, sollte im Anbot vermerkt werden

So viel dürfen Makler verlangen

Die Obergrenze für die Vermittlungsprovision beträgt bei einem

- Kaufpreis unter 36.336,42 Euro........................4 Prozent vom Kaufpreis
- Kaufpreis zwischen 36.336,42 Euro und 48.400,11 Euro.. 1.453,46 Euro
- Kaufpreis über 48.400,11 Euro........................3 Prozent vom Kaufpreis

Dazu kommt jeweils noch die Umsatzsteuer von 20 Prozent der vereinbarten Provision. Da die genannten Beträge eine Obergrenze darstellen, können Sie mit Ihrem Makler über die Provisionshöhe verhandeln. Je höher der Kaufpreis, umso eher wird man Ihnen entgegenkommen.

Vertragsmuster Kaufanbot

An die Firma
Real Immobilienmakler GmbH
1010 Wien, Salzgasse 4

Betrifft: Kaufanbot zum Erwerb einer Eigentumswohnung
in 1060 Wien, Pfeffergasse 5/Tür 17

Ich, Max Muster, 1010, Nirgendwostraße 12/16, (Käufer), stelle an den Mit- und Wohnungseigentümer oben bezeichneten Objektes (Verkäufer) zu Ihren Handen das verbindliche Anbot, die Wohnung zu folgenden Konditionen zu kaufen.

1. Kaufgegenstand
Eigentumswohnung 1060, Pfeffergasse 5/Tür 17
KG Mariahilf (01008), EZ 3789, B-LNr 9

2. Kaufpreis und Nebenkosten
Der Kaufpreis beträgt 150.000 Euro. Die Nebenkosten, Grunderwerbsteuer (3,5 Prozent), Grundbucheintragungsgebühr (1,1 Prozent), die Kosten der Kaufvertragserrichtung durch einen Rechtsanwalt, wie Beglaubigungskosten und Gebühren, trägt der Käufer.

3. Zustand der Wohnung
Der Käufer hat den Kaufgegenstand besichtigt und ihm ist der Zustand bekannt. Die Kücheneinrichtung wird vom Käufer übernommen und verbleibt in der Wohnung, ansonsten wird die Wohnung vom Verkäufer geräumt. Der Verkäufer sichert den ordnungsgemäßen Zustand der Elektro- und Gasinstallation der Wohnung zu und wird diesbezüglich spätestens eine Woche vor Kaufvertragsunterzeichnung die Befunde eines konzessionierten Elektrikers bzw. Installateurs dem Käufer übergeben.

4. Lastenfreiheit
Der Verkäufer haftet für die geldlastenfreie und bestandsfreie Übergabe der Liegenschaft. Das im Grundbuch ersichtliche Pfandrecht über 15.000 Euro

wird vom Verkäufer auf dessen Kosten gelöscht. Dem Käufer ist die im Grundbuch angemerkte Vereinbarung über eine abweichende Kostenverteilung bekannt.

5. Verrechnungsstichtag und Übergabe
Die Übergabe der Wohnung in den Besitz des Käufers erfolgt bei Kaufvertragsunterzeichnung. Diese wird für Anfang April 2022 in Aussicht genommen. Ergibt die Jahresabrechnung der Hausverwaltung für 2021 eine Nachzahlung, so wird diese vom Verkäufer übernommen, umgekehrt steht diesem auch ein allfälliges Guthaben zu.

6. Vermittlungsprovision
Der Käufer verpflichtet sich, im Erfolgsfall an die Firma Real Immobilienmakler GmbH ein Vermittlungshonorar in der Höhe von 3 Prozent des Kaufpreises, das sind 4.500 Euro zuzügl. 20 Prozent Umsatzsteuer, gesamt daher 5.400 Euro, zu bezahlen. Die Provision wird bei Unterzeichnung des Kaufvertrages durch Käufer und Verkäufer fällig.

7. Vorbehalt
Dieses Kaufanbot gilt nur vorbehaltlich einer Finanzierungszusage der Hausbank des Käufers für ein Hypothekardarlehen über einen Betrag von 40.000 Euro.

8. Befristung
Mit diesem Kaufanbot bleibt der Käufer dem Verkäufer bis 28. Februar 2022 im Wort.

9. Sonstiges
Mit der Vertragserrichtung, Treuhandschaft und Verbücherung des Kaufvertrages wird Herr Dr. Müller, Rechtsanwalt, beauftragt. Das Anwaltshonorar trägt der Käufer.

Wien, am 14. Februar 2022 Der Käufer

Das Anbot gelesen, damit inhaltlich einverstanden. Das Anbot wird angenommen:

Wien, am Der Verkäufer

mündliche Versprechungen. Andernfalls kann es passieren, dass der Verkäufer zwar Ihr Anbot annimmt, Sie aber kein Darlehen erhalten und vom Anbot zurücktreten müssen. Die Provision wird unter Umständen trotzdem fällig.

Ist an der Wohnung noch kein Wohnungseigentum begründet, muss noch eine Reihe weiterer Punkte ins Anbot hinein: Innerhalb welchen Zeitraumes wird Wohnungseigentum begründet? Wer trägt die Kosten für Ziviltechniker und Rechtsanwalt? Soll die Wohnung oder das Haus noch saniert werden? Sind die Kosten dafür im Kaufpreis bereits enthalten?

Gibt der Makler weitere Zusagen oder Versprechungen ab, nehmen Sie das ebenfalls ins Anbot auf. Nur so werden sie zum Bestandteil Ihres Anbots, das schließlich der Verkäufer bekommt. Andernfalls erfährt der Verkäufer vielleicht gar nicht, was Ihnen der Makler alles versprochen hat. Und, noch wichtiger für Sie: Was im Anbot nicht enthalten ist, braucht der Verkäufer im Nachhinein auch nicht zu akzeptieren.

Die Höhe der Maklerprovision ist Verhandlungssache

Da die angeführten Provisionshöhen Maximalbeträge sind, können Sie mit Ihrem Makler über eine geringere Provision verhandeln. Ebenso über die Fälligkeit der Provisionszahlung. Wird nichts anderes vereinbart, so wird die Provision mit Annahme des Anbots durch den Verkäufer zur Zahlung fällig.

Haben Sie das Anbotsformular ausgefüllt – oder ein eigenes Anbot erstellt (dafür gibt es keine Formvorschriften) – und unterschrieben, so verständigt der Makler den Verkäufer der Wohnung und übergibt ihm Ihr Anbot. Der Wohnungsabgeber kann Ihr Anbot jetzt annehmen, damit ist der Vertrag zustande gekommen. Er kann Ihr Anbot aber auch ablehnen. Wurde im Anbot ein Vorbehalt, z.B. Finanzierung durch ein Bankdarlehen, aufgenommen, so gilt die Annahme des Anbots natürlich nur vorbehaltlich eines gewährten Bankdarlehens.

Die Annahmeerklärung muss Ihnen binnen einer ausdrücklich vereinbarten Frist, ansonsten binnen angemessener Frist (in der Regel 14 Tage), zugehen. Erhalten Sie während dieser Frist keine Nachricht, so ist Ihr Anbot gegenstandslos geworden. Sie sind nicht mehr daran gebunden.

Nach erfolgter Annahmeerklärung dient der schriftliche Kaufvertrag nur noch der Beurkundung des bereits früher geschlossenen Vertrages. In den wichtigen Punkten muss er daher mit den Bedingungen des Anbots übereinstimmen.

Enthält der schriftliche Vertrag in wesentlichen Punkten andere Bedingungen als im Anbot seinerzeit enthalten waren, brauchen Sie den(geänderten) Kaufvertrag nicht zu unterfertigen, sondern können auf den ursprünglichen Bedingungen beharren.

Sobald ein Kaufvertrag unterschrieben ist, gilt er uneingeschränkt

Unterschreiben Sie einen Kaufvertrag anderen Inhaltes bzw. zu anderen Bedingungen, als zuvor mit dem Makler besprochen, helfen auch frühere schriftliche Zusagen oder Vereinbarungen nichts. Es gilt nur mehr der Inhalt des unterfertigten Kaufvertrages.

Vereinbaren Sie die Bezahlung eines Teilbetrages vor Abschluss des Kaufvertrages, so achten Sie unbedingt auf die Bezeichnung, denn zwischen Anzahlung und Angeld besteht ein wesentlicher Unterschied:

- Eine Anzahlung ist eine Teilzahlung, die rückerstattet werden muss, wenn der Vertrag nicht zustande kommt.
- Bei einem Angeld verlieren Sie in der Regel das Geld, falls Sie vom Vertrag ohne wichtigen Grund zurücktreten. Daher Hände weg von einer Angeldvereinbarung oder gar Zahlung eines Angeldes!

Der Makler hat keinen Anspruch auf eine Anzahlung seiner Provision! Die Provision wird erst mit Annahme des Anbots oder zu einem späteren vertraglich vereinbarten Termin fällig.

Rücktrittsrechte

Die meisten Makler haben in ihre Vertragsformulare eine Vereinbarung über eine Provision für den Fall des Rücktrittes des Wohnungsinteressenten aufgenommen. Demnach kann der Makler trotz Nichtzustandekommens des Geschäfts eine Provision verlangen, wenn der Vertrag vom Kaufinteressenten ohne beachtenswerten Grund („wider Treu und Glauben") nicht abgeschlossen wird.

Nicht immer ist ein Rücktritt auch mit Kosten verbunden

Dies gilt aber nicht immer. In einigen Fällen kann auch ohne Provisionsfolgen aus wichtigen Gründen ein Rücktritt erklärt werden – etwa, wenn der Makler seine Sorgfaltspflichten verletzt und wichtige Umstände verschweigt, z.B. eine fehlende Baugenehmigung für die Wohnung. Dasselbe gilt, wenn zugesagte wichtige Eigenschaften des Objektes oder wesentliche Vertragsbestimmungen im Kaufvertrag fehlen oder anders formuliert sind.

Wichtige Gründe für einen berechtigten Rücktritt ohne Provisionsfolgen können aber auch in der Privatsphäre des Wohnungsinteressenten liegen. Das kann eine plötzliche Krankheit, eine Scheidung oder der Verlust des Arbeitsplatzes sein. Als wichtiger Grund gilt auch das Nichtzustandekommen der geplanten Finanzierung. Zur Erinnerung: Nehmen Sie einen diesbezüglichen Vorbehalt bereits in das Anbot auf.

Im Konsumentenschutzgesetz (KSchG) sind darüber hinaus zwei Fälle eines berechtigten Rücktrittes in Zusammenhang mit dem Wohnungskauf gesondert geregelt. Mit dem Inkrafttreten des Fern- und Auswärtsgeschäfte-Gesetzes (FAGG) wurde in § 11 ein neues Rücktrittsrecht bei Auswärtsgeschäften geschaffen. Ein weiteres Rücktrittsrecht ist auch im Bauträgervertragsgesetz (BTVG) geregelt (► Seite 86).

Rücktritt gemäß § 30a KSchG

Dieses Rücktrittsrecht betrifft nicht nur Verträge, die über Vermittlung eines Immobilienmaklers abgeschlossen werden, sondern alle Kauf- und Mietverträge über Wohnungen mit Bauträgern, gemeinnützigen Bauvereinigungen, WE-Organisatoren, privaten Hauseigentümern und Privatpersonen, z.B. Wohnungseigentümern. Wesentlich für das Rücktrittsrecht ist nur, dass der Wohnungsinteressent selbst Verbraucher ist und die Wohnung zur Deckung des dringenden Wohnbedürfnisses für ihn oder einen nahen Angehörigen dienen soll. Für Ferienwohnungen gilt dieses Rücktrittsrecht daher nicht.

Das Konsumentenschutzgesetz schützt vor übereilten Entscheidungen

Vom Rücktrittsrecht können Sie dann Gebrauch machen, wenn Sie eine Vertragserklärung, z.B. ein Kaufanbot, am selben Tag abgegeben haben, an dem Sie die Wohnung zum ersten Mal besichtigt haben. Damit werden Sie vom Gesetzgeber vor übereilten Entscheidungen bei der Wohnraumbeschaffung geschützt.

Den Rücktritt können Sie binnen einer Woche nach Abgabe der Vertragserklärung (Datum des Poststempels) – zweckmäßigerweise mit eingeschriebenem Brief – erklären. Wurde Ihnen keine Zweitschrift Ihres Anbots und keine schriftliche Rücktrittsbelehrung übergeben, beginnt die einwöchige Frist erst mit Erhalt dieser Unterlagen zu laufen. Die Mög-

Mit Vorbehalt

Um Schwierigkeiten zu vermeiden, halten Sie schriftlich alle wichtigen Umstände fest. Noch besser ist es, den Vertrag nur mit Vorbehalt zu schließen. Beispiel: „Vertrag gilt nur, wenn ich die Förderung erhalte." Es liegt dann ein bedingt geschlossener Vertrag vor, der erst wirksam wird, wenn die Bedingung eintritt. Tritt sie nicht ein, ist der Vertrag nicht zustande gekommen.

lichkeit zum Rücktritt gem. § 30a KSchG erlischt auch ohne Unterlagen spätestens einen Monat nach dem Tag der Erstbesichtigung.

Ihre Rücktrittserklärung müssen Sie an den Vertragspartner richten, mit dem Sie verhandelt haben bzw. der das Anbot übernommen hat. Der Rücktritt muss nicht weiter begründet werden. Wenn auch ein Maklervertrag abgeschlossen wurde, gilt die Rücktrittserklärung auch für den Maklervertrag. Es entsteht keine Provisionspflicht. Achtung: Diese Möglichkeit des Rücktrittes besteht für Sie aber nur, wenn das Anbot am Tag der Erstbesichtigung der Wohnung abgegeben wurde. Wird es von Ihnen erst am nächsten Tag abgegeben, steht diese Rücktrittsmöglichkeit nicht mehr offen!

Rücktritt gemäß § 3a KSchG

Dieses Rücktrittsrecht besteht nur bei einem Vertragsverhältnis zwischen einem privaten Wohnungsinteressenten und einem gewerblichen Wohnungsverkäufer, z.B. einem Bauträger. Bei Verträgen zwischen privatem Käufer und privatem Verkäufer besteht dieses Rücktrittsrecht nicht.

Wurden Ihnen als Wohnungssuchendem während der Vertragsverhandlungen wichtige Umstände in Aussicht gestellt, die dann gar nicht oder in erheblich geringerem Ausmaß eintreten, berechtigt dies ebenfalls zu einem kostenlosen Rücktritt. Dazu zählen insbesondere:

- die Gewährung einer Wohnbauförderung
- das Zustandekommen einer Kreditfinanzierung
- die Aussicht auf steuerrechtliche Vorteile
- die notwendige Zustimmung eines Dritten, z.B. die Zustimmung des Landes bei einem Veräußerungsverbot

Rücktritt nach § 30a KSchG

Max Muster
Nirgendwostraße 12/16
1010 Wien

Duoreal Immobilien GesmbH
Chorknabengasse 12
1180 Wien

Wien, am 6. April 2022

Betrifft: Kaufanbot vom 2. April 2022
Wohnung Salettlgasse 2/4, 1010 Wien
Rücktritt gemäß § 30a Konsumentenschutzgesetz

Sehr geehrte Damen und Herren,

wir hatten für den 2. April 2022 einen Besichtigungstermin für die von Ihnen in einem Zeitungsinserat angebotene Wohnung Salettlgasse 2/4, 1010 Wien, vereinbart. Anlässlich der Wohnungsbesichtigung habe ich ein Kaufanbot für diese Wohnung unterzeichnet und mich zugleich verpflichtet, Ihnen für den Fall des Zustandekommens des Kaufvertrages eine Provision in der Höhe von 3 Prozent des Kaufpreises zu bezahlen.
Ich trete von meinem Kaufanbot sowie vom Vermittlungsauftrag gemäß § 30a Konsumentenschutzgesetz sowie aus jedem anderen tauglichen Rechtsgrund innerhalb offener Frist zurück.
Eine Kopie dieses Schreibens geht auch an den mir von Ihnen genannten Verkäufer, Herrn Peter Struzzi.

Mit freundlichen Grüßen

Die Rücktrittsfrist beträgt eine Woche und beginnt zu laufen, sobald Sie als Verbraucher erkennen können, dass die erwarteten Umstände nicht eingetreten sind, und Ihnen eine schriftliche Rücktrittsbelehrung ausgehändigt worden ist. Das Rücktrittsrecht erlischt spätestens einen Monat nach vollständiger Erfüllung des Vertrages. Die Rücktrittserklärung ist spätestens am letzten Tag der Frist (Datum des Poststempels) schriftlich (eingeschriebener Brief) an den Vertragspartner zu schicken.

Wurden aufgrund des Vertrages bereits Leistungen erbracht, so führt ein Rücktritt zur sogenannten Rückabwicklung. Das heißt, es muss der frühere Zustand wiederhergestellt werden. Solange Sie nur Teilzahlungen erbracht haben, kann relativ einfach rückabgewickelt werden, indem das Geld zurückbezahlt wird. Nicht so einfach ist es, wenn eine Wohnung bereits übergeben und mit dem Umbau begonnen wurde und sich erst im Zuge der Arbeiten herausstellt, dass keine Förderung gewährt wird.

Rücktritt gemäß § 11 FAGG

Seit Inkrafttreten des Fern- und Auswärtsgeschäfte-Gesetzes (FAGG) am 13.6.2014 besteht für Verbraucher im Sinne des Konsumentenschutzgesetzes zudem ein neues Rücktrittsrecht bei Abschluss des Maklervertrages außerhalb der Geschäftsräume eines Maklerbüros oder ausschließlich über Fernabsatz (z.B. Internet). Dieses Rücktrittsrecht nach § 11 FAGG bezieht sich allerdings nicht auf Miet- oder Kaufanbote, sondern bloß auf den Maklervertrag. Die Rücktrittsfrist beträgt 14 Tage und beginnt mit Abschluss des Maklervertrages zu laufen. Der Rücktritt kann mit einem (vom Makler auszuhändigenden) Muster-Widerrufsformular, aber auch in anderer Weise (nachweisbar) ausgeübt werden. Ohne ordnungsgemäße Belehrung über das Rücktrittsrecht verlängert sich die Frist auf ein Jahr und 14 Tage.

Der Rücktritt nach § 11 FAGG ist nicht mehr möglich, wenn der Makler seine Dienstleistung noch vor Ablauf der vierzehntägigen Frist vollständig erbracht hat, vorausgesetzt, der Makler hat den Auftraggeber ordnungsgemäß belehrt und ist aufgrund einer ausdrücklichen Aufforderung des Auftraggebers „vorzeitig" tätig geworden.

Aufgrund dieser etwas komplizierten Regelung im FAGG erhalten Sie jetzt bei der Beauftragung eines Maklers gleich vorweg auch ein Muster-Widerrufsformular.

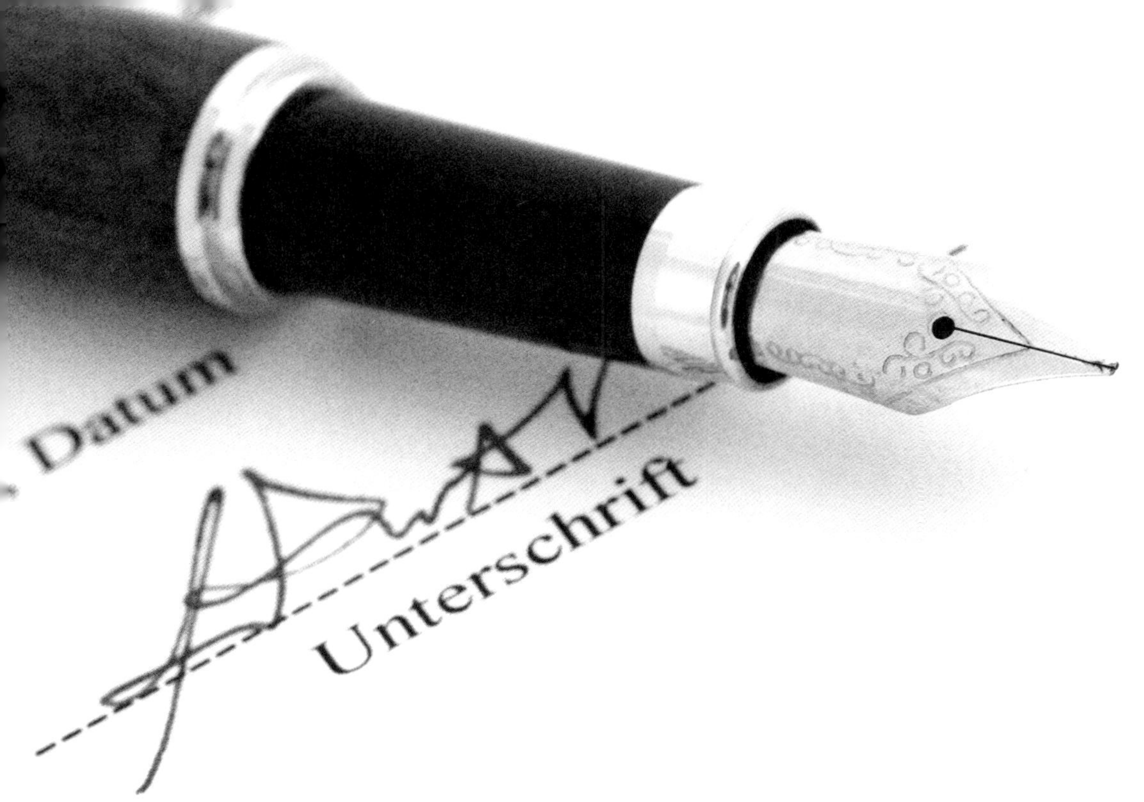

Foto: Waldhäusl

Wohnungskauf

Nur klar formulierte Verträge schützen Sie vor nachträglichen bösen Überraschungen.

Die Kaufpreisgestaltung

Der Kaufpreis für eine Eigentumswohnung wird mit einem einzigen Geldbetrag ausgedrückt. Darin enthalten sind die anteiligen Grund- und Gebäudekosten sowie der Wert des Nutzungsrechtes an der Wohnung.

Außerhalb des Bereiches des geförderten Neubaus gibt es keine Preisbeschränkungen. Nur wenn der Kaufpreis zum Wert der Wohnung in einem derart krassen Missverhältnis steht, dass die Wohnung weniger als die Hälfte des Kaufpreises wert ist, räumt das Allgemeine Bürgerliche Gesetzbuch (ABGB) die Möglichkeit zur Vertragsanpassung ein. Kommt diese nicht zustande, kann der Käufer die Vertragsaufhebung und Rückabwicklung begehren.

Es ist möglich, die Bezahlung des Kaufpreises auf einmal oder in Raten zu vereinbaren. Ebenso ist eine Schuldübernahme des Käufers für Verpflichtungen des Verkäufers zulässig. So kann ein im Grundbuch eingetragenes Darlehen vom Käufer übernommen werden. Dazu ist jedoch auch die Zustimmung des Gläubigers (Darlehensgebers) erforderlich.

Wollen Sie einen Teil des Kaufpreises über ein Darlehen finanzieren, vergessen Sie nicht, diese monatliche Belastung für Ihr persönliches Budget einzukalkulieren. Zur Höhe der Darlehensrückzahlungen finden Sie ein Berechnungsbeispiel auf ► Seite 47.

Nebenkosten

Beim Erwerb von Liegenschaftsanteilen fallen folgende gesetzlich geregelte Gebühren als Nebenkosten an:

Außer dem Kaufpreis für die Wohnung fallen auch Nebengebühren an

- die Grunderwerbsteuer und
- die Grundbucheintragungsgebühr.

Dazu kommen noch die Kosten der Unterschriftsbeglaubigung durch einen Notar oder ein Gericht. Wie viel Sie dafür bezahlen, hängt von der Höhe des Kaufpreises ab.

Nach Unterzeichnung des Kaufvertrages ist die Grunderwerbsteuer zu ermitteln und an das Finanzamt abzuführen. Im Regefall erledigt dies

Am besten lastenfrei

Beharren Sie auf einer geldlastenfreien Übergabe des Eigentumsanteiles. Sollen Sie ein Darlehen übernehmen, lassen Sie sich vom Darlehensgeber schriftlich bestätigen, wie hoch der aushaftende Betrag ist, den Sie übernehmen müssen.

der Vertragserrichter im Wege der sogenannten Selbstberechnung. Sie bezahlen die Grunderwerbsteuer und die Grundbucheintragungsgebühr an den Vertragserrichter, der dann die Abgabenerklärung macht und die Zahlungen weiterleitet.

Die Grunderwerbsteuer beträgt im Regelfall 3,5 Prozent des Kaufpreises. Nur wenn Sie eine Eigentumswohnung (einen Liegenschaftsanteil) von nahen Verwandten erwerben, ist die Grunderwerbsteuer nach dem sogenannten Stufentarif zu ermitteln. Als nahe Verwandte gelten in diesem Zusammenhang der Ehegatte, der eingetragene Partner, der Lebensgefährte, sofern die Lebensgefährten einen gemeinsamen Hauptwohnsitz haben oder hatten, ein Elternteil, ein Kind, ein Enkelkind, ein Stiefkind, ein Wahlkind oder ein Schwiegerkind des Verkäufers, Verschwägerte in gerader Linie (z.B. Schwiegereltern, Schwiegerkinder), Geschwister, Nichten und Neffen.

Für die Eintragung im Grundbuch fällt eine Eintragungsgebühr von 1,1 Prozent des Kaufpreises an. Die Kosten für das Grundbuchsgesuch

Nebenkosten

- Grunderwerbsteuer 3,5 % vom Kaufpreis (= vKP)
- Grundbucheintragungsgebühr 1,1 % vKP
- Rechtsanwaltshonorar ca. 2,0 % vKP + 20 % USt = 2,4 % vKP
- Maklerprovision 3,0 % vKP + 20 % USt = 3,6 % vKP

Summe der Nebenkosten für Erwerb (einschl. Makler): 10,6 % vKP

Bei (teilweiser) Fremdfinanzierung kommen dazu:

- Grundbucheintragungsgebühr 1,2 % von Pfandsumme + Zuschlag
- Bankbearbeitungsgebühr 1,5 % bis 3 % der Darlehenssumme

Summe der Nebenkosten für Fremdfinanzierung: 2,7 % bis 4,2 % der Darlehenssumme

Meist ohne Umweg

Rechtsanwälte und Notare berechnen die Grunderwerbsteuer und die Eintragungsgebühr für das Grundbuch im Regelfall selbst. Sie müssen diese Nebenkosten daher direkt an Ihren Anwalt oder Notar bezahlen, der sie an das Finanzamt abführt. Die Selbstberechnungserklärung ersetzt die sonst notwendige Unbedenklichkeitsbescheinigung und wird beim Grundbuch vorgelegt. Vorteil: Die Grundbucheintragung kann rascher erfolgen, weil Sie nicht auf den Bescheid und die Unbedenklichkeitsbescheinigung des Finanzamtes warten müssen.

selbst betragen 44 Euro bzw. 62 Euro, wenn das Gesuch nicht im elektronischen Rechtsverkehr gestellt wird.

Neben diesen Gebühren müssen Sie auch das Honorar des Rechtsanwaltes oder Notars für die Kaufvertragserrichtung und die Kosten der Unterschriftsbeglaubigung berücksichtigen. Das Honorar wird nach dem Rechtsanwalts- oder Notariatstarif berechnet und orientiert sich an der Höhe des Kaufpreises. Es ist jedoch auch möglich, ein Pauschalhonorar zu vereinbaren. In Wien beträgt es üblicherweise 1,5 Prozent bis 3 Prozent des Kaufpreises, zuzüglich 20 Prozent Umsatzsteuer und Barauslagen. Zu den Barauslagen gehören Gebühren, Porti usw.

Damit es zu keinen bösen Überraschungen kommt, besprechen Sie die voraussichtlich anfallenden Kosten unbedingt mit Ihrem Rechtsanwalt oder Notar, bevor Sie den Auftrag zur Vertragserrichtung erteilen. Für das gesamte Honorar sind folgende Leistungen zu berücksichtigen:

In der Regel trägt der Käufer sämtliche Nebenkosten

- die Kaufvertragserrichtung,
- die Gebührenabwicklung,
- die Treuhandschaft, bei Fremdfinanzierung auch gegenüber dem Kreditinstitut,
- die Grundbucheintragung sowie
- eine allenfalls einzuholende Genehmigung nach dem (Ausländer-)Grundverkehrsgesetz des Bundeslandes oder dem Stadterneuerungsgesetz bei Assanierungsgebieten.

Meist wird im Kaufvertrag vorgesehen, dass der Käufer sämtliche Nebenkosten trägt. Es kann aber auch eine andere Vereinbarung getroffen werden. Mit dem Verkäufer über eine Aufteilung der anfallenden Nebenkosten zu verhandeln, kann daher nicht schaden.

Müssen oder wollen Sie als Käufer den Kaufpreis (zum Teil) mit einem Darlehen finanzieren, so fallen abermals Gebühren an. Und zwar, jeweils berechnet von der Darlehenssumme:

- die Bearbeitungsgebühr Ihres Kreditinstitutes (zwischen 1 und 3 Prozent) und
- die Grundbucheintragungsgebühr von 1,2 Prozent.

Dazu kommen noch die Spesen der Bank, nach Instituten unterschiedlich hoch, und die Kosten der Unterschriftsbeglaubigung auf der Pfandbestellungsurkunde. Haben Sie die Wohnung über einen Makler gefunden, wird natürlich auch die Maklerprovision fällig. Wie hoch diese sein darf, finden Sie auf ► Seite 65.

Fertiggestellte, geförderte Eigentumswohnung

Erwerben Sie eine bereits fertiggestellte, geförderte Eigentumswohnung, müssen Sie Folgendes beachten: Mit Gewährung der Wohnbauförderung wurde auch ein Veräußerungsverbot zugunsten des jeweiligen Bundeslandes auf dem Miteigentumsanteil eingetragen. Während der Laufzeit der Förderung – und die kann bis zu fünfzig Jahre betragen – bedarf daher jeder Verkauf der Zustimmung des Landes.

Erst nachdem alle Förderungsdarlehen getilgt sind, fällt auch das Veräußerungsverbot und Sie als Wohnungseigentümer können über Ihren Anteil frei verfügen. Die meisten Landesgesetze sehen allerdings vor, dass auch bei einer vorzeitigen Darlehensrückzahlung das Veräußerungsverbot frühestens acht Jahre nach Förderungsgewährung gelöscht werden darf.

Unter welchen Voraussetzungen die Zustimmung zur Veräußerung gegeben wird, ist für jedes Bundesland verschieden. Ebenso unterschiedlich geregelt sind die Voraussetzungen für die Übernahme der noch offenen (günstigen) Förderungsdarlehen durch den Käufer. Nähere Auskünfte erhalten Sie bei den Wohnbauförderungsstellen der einzelnen Bundesländer.

Altbauwohnung ohne Wohnungseigentum

Im Regelfall wird ein Barkaufpreis für einen lastenfreien Liegenschaftsanteil vereinbart. Vereinzelt werden auch Wohnungen mit anteiliger Darlehensübernahme (Belastung) angeboten. Handelt es sich um genau das Darlehen, mit dem Ihr jetziger Verkäufer den Hauskauf selbst finanziert hat, lassen Sie besser die Finger von einer Darlehensübernahme.

Häufig sind in Kaufverträgen über derartige Wohnungen auch Verpflichtungen des Käufers zur Übernahme von Kosten unmittelbar bevorstehender Reparatur- und/oder Verbesserungsarbeiten enthalten. Damit können sich bereits kurz nach dem eigentlichen Ankauf abermals enorme Belastungen ergeben, diesmal an anteiligen Erhaltungskosten.

Unbedingt schriftlich

Verlangen Sie vom Verkäufer oder von der Hausverwaltung eine schriftliche Information darüber, welche Arbeiten am Haus in den nächsten Jahren geplant sind. Ebenso Angaben dazu, welche Kosten dadurch verursacht werden und wie hoch Ihr Anteil daran sein wird.

Preisvereinbarungen im Neubau

Bei Neubauwohnungen gibt es verschiedene Möglichkeiten der Kaufpreisgestaltung

Wird beim Kauf bestehender Wohnungen im Regelfall ein Fixpreis vereinbart, so werden bei Neubauwohnungen dem Kaufpreis oft veränderliche Werte zugrunde gelegt. Das geschieht in jenen Fällen, wo die Lohn- und Preissteigerungen der Professionisten an die Käufer weiterverrechnet werden sollen.

Voraussetzung dafür ist selbstverständlich eine Trennung des Gesamtkaufpreises in Grundkosten und Baukosten. Es gibt drei Formen der Kaufpreisgestaltung:

- die Fixpreisvereinbarung
- die Höchstpreisvereinbarung
- die Kostenüberwälzungsvereinbarung

Fixpreisvereinbarung

Bei der Fixpreisvereinbarung wird ein bestimmter Betrag als Kaufpreis festgesetzt. Die Möglichkeit zur Überwälzung von Preissteigerungen entfällt. Es wird weder eine Endabrechnung gelegt noch ist der Preis überprüfbar. Nur ein unangemessen hoher Fixpreis bei einer gemeinnützigen Bauvereinigung als Verkäuferin ist im Nachhinein überprüfbar (► Seite 85).

Höchstpreisvereinbarung (Höchstpreisgarantie)

Bei der Höchstpreisvereinbarung wird zunächst ein bestimmter Betrag als Kaufpreis festgesetzt. Innerhalb eines vertraglich vereinbarten Rahmens (Höchstgrenze) ist aber eine Nachverrechnung von Preissteigerungen möglich. Bei nachgewiesenen Preissteigerungen ist z.B. eine Überwälzung von bis zu höchstens 3 Prozent des ursprünglich vereinbarten Kaufpreises zulässig. Für den Käufer ist es daher wichtig, den Kalkulationsstichtag zu kennen, der dem ursprünglichen Preis zugrunde gelegt wurde. Ausgehend von diesem Stichtag sind dann die Preissteigerungen zu errechnen. Vom Bundesministerium für Digitalisierung und Wirtschaftsstandort werden dazu für die einzelnen sogenannten Baugewerke Tabellen über die Lohn- und Preissteigerungen herausgegeben. Voraussetzung für eine Nachverrechnung ist jedoch immer eine Endabrechnung gegenüber den Käufern.

Kostenüberwälzungsvereinbarung

Der Verkäufer ist hier berechtigt, die gesamten Baukosten ohne Obergrenze auf die Käufer zu überwälzen. Eine Endabrechnung ist auf jeden Fall erforderlich. Diese Kaufpreisgestaltung ist seit Inkrafttreten des BTVG nur mehr gemeinnützigen Bauvereinigungen erlaubt (► Seite 83).

Nur gemeinnützige Bauvereinigungen dürfen ihre gesamten Baukosten auf die Käufer überwälzen

Geförderte Neubaueigentumswohnung

Finanziert ein Bauträger seine Projekte mit Wohnbauförderungsmitteln (Objektförderung), so sehen die Bestimmungen auch spezielle Auflagen bei der Kaufpreisgestaltung vor. Im Regelfall kommt es zu einer strikten

Trennung in (ungeförderte) Grundkosten und (geförderte) Baukosten. Bei beiden Kostenarten darf die Angemessenheit nicht überschritten werden. Liegt keine Überschreitung der tatsächlichen Kosten vor, darf der Kaufpreis auch als Fixpreis bzw. als Höchstpreis vereinbart werden.

Da die Förderungsbestimmungen Ländersache sind, gibt es in jedem Bundesland eigene Bestimmungen, sowohl die Kostenobergrenzen als auch die konkrete Förderungsgestaltung betreffend. Nähere Auskünfte dazu erteilen die Wohnbauförderungsstellen der einzelnen Bundesländer.

Im Allgemeinen sehen die Wohnbauförderungsbestimmungen bei Inanspruchnahme der Objektförderung eine besondere Mittelaufbringung für die Gebäudeerrichtung vor: den Finanzierungsmix. Demnach werden die Baukosten mit folgenden Beiträgen finanziert:

- Eigenmittel des künftigen Wohnungseigentümers,
- Einmalzuschuss des Landes oder zinsgünstiges
- Landesdarlehen und
- Restfinanzierung durch Kapitalmarktdarlehen.

Als Wohnungswerber müssen Sie daher zunächst nur die Eigenmittel für die Baukosten und die anteiligen Grundkosten bezahlen. Der Zeitpunkt der Bezahlung richtet sich nach den Vereinbarungen im Anwartschafts- oder Kaufvertrag. Meistens sind zwei oder drei Teilzahlungen bis zum Wohnungsbezug vorgesehen (siehe auch BTVG, ► Seite 86).

Die restlichen Errichtungskosten werden mit Wohnbauförderungsgeldern und Fremdmitteln finanziert, die Rückzahlungsraten für die Darlehen werden über einen bestimmten Zeitraum teilweise durch Annuitätenzuschüsse gestützt. Auch hier gelten je nach Bundesland unterschiedliche Bestimmungen. Die monatlichen Zahlungen für die Darlehenstilgung sind dem Mietzins bei geförderten Neubaumietwohnungen vergleichbar.

Für die Rückzahlungsraten können Sie unter Umständen um Wohnbeihilfe ansuchen

Werden Sie als künftiger Wohnungseigentümer durch die monatlichen Rückzahlungsraten unzumutbar belastet, wird in den meisten Bundesländern über Antrag eine Wohnbeihilfe (Subjektförderung) gewährt. Für die Höhe der Wohnbeihilfe sind maßgebend:

- die Wohnungsgröße,
- der Wohnungsaufwand,

- die Anzahl und das Alter der Bewohner
- sowie deren Einkommen.

Die genauen Bestimmungen sind wieder je Bundesland unterschiedlich. Um die Wohnbauförderung und die Fremdfinanzierung des Bauvorhabens kümmert sich zunächst der Bauträger, der das Eigentumswohnungshaus errichtet. Die geförderten Wohnungen dürfen nur an sogenannte begünstigte Personen verkauft werden. Das heißt, ihr Einkommen darf bestimmte Höchstgrenzen (bundesländerweise unterschiedlich) nicht überschreiten. Sie müssen in der geförderten Wohnung ihren Hauptwohnsitz begründen und ihre bisherige Wohnung aufgeben. Staatsbürger von Ländern des europäischen Wirtschaftsraumes sind österreichischen Staatsbürgern immer gleichgestellt. Für Staatsbürger anderer Staaten bestehen in den Bundesländern unterschiedliche Regelungen.

Mit dem Wohnungskauf treten Sie in die bestehenden Darlehensverträge ein. Ebenso müssen Sie die Verpflichtungen aus der Wohnbauförderung übernehmen. Da diese Wohnungen nicht geldlastenfrei erworben werden, ist es besonders wichtig, im Kaufvertrag den auf Ihre Wohnung entfallenden Darlehensanteil genau festzulegen. Andernfalls haften Sie für das gesamte Darlehen, also auch für Zahlungsausfälle anderer Wohnungseigentümer.

Nur in Wien gibt es keine Zuschüsse für den Ankauf von nicht geförderten Wohnungen

In den meisten Bundesländern, ausgenommen Wien, besteht auch die Möglichkeit der Förderungsgewährung für den Ankauf einer Wohnung, die zunächst ohne Objektförderung errichtet wurde. Die Voraussetzungen dafür sind in den einzelnen Bundesländern unterschiedlich.

Neubauwohnungen von gemeinnützigen Bauvereinigungen

Gemeinnützige Bauvereinigungen (Genossenschaften und gemeinnützige Kapitalgesellschaften) errichten Neubauten im Regelfall nur unter Verwendung von Wohnbauförderungsmitteln. Die besonderen Preisbildungsvorschriften für die Veräußerung von Eigentumswohnungen sind jedoch im Wohnungsgemeinnützigkeitsgesetz (WGG) enthalten. Diese Bestimmungen orientieren sich am Kostendeckungsprinzip. Danach darf die gemeinnützige Bauvereinigung dem Käufer nicht mehr, aber auch nicht weniger als die ihr entstandenen Kosten verrechnen. Nach der Bestimmung des WGG sind der Berechnung des Preises die gesamten Herstellungskosten, getrennt nach Baukosten und Grundkosten, zugrunde zu legen. Dazu kommen noch die Finanzierungskosten und die Kosten der Bauverwaltung. Außerdem darf eine Rücklage im Ausmaß von höchstens 2 Prozent der Herstellungskosten verrechnet werden. Diese verbleibt der Bauvereinigung als Gewinn. Nach einer richtungsweisenden Entscheidung des Obersten Gerichtshofes dürfen gemeinnützige Bauvereinigungen die bei der Bauverwaltung lukrierten Skonti nicht mehr einbehalten, sondern müssen diese an die Wohnungskäufer weitergeben. Skonti sind Preisnachlässe für die rasche Bezahlung der Rechnungen. Sie betragen üblicherweise 3 Prozent der Rechnungssumme.

Skonti müssen an die Wohnungskäufer weitergegeben werden

Unter Baukosten dürfen die gesamten Kosten, einschließlich der Erhöhungen wegen Lohn- und Preissteigerungen, verrechnet werden. Die maximal verrechenbaren Grundkosten sind nach einem eigenen Verfahren zu ermitteln: Der Verkehrswert der Liegenschaft zum Zeitpunkt des Ankaufes durch die gemeinnützige Bauvereinigung wird mit einem Faktor (Entwicklung des Verbraucherpreisindex bis zur Verbücherung des Wohnungseigentums) aufgewertet. Anstelle dieser Aufwertung können die Finanzierungskosten für den Grundstücksankauf in Rechnung gestellt werden. Nur für Grundstücke, die vor dem 1. September 1999 erworben wurden, darf die gemeinnützige Bauvereinigung eine Aufwertung und Verzinsung verrechnen.

Die Obergrenze für die verrechenbaren Grundkosten ist der Verkehrswert der (unbebauten) Liegenschaft zum Zeitpunkt der Einräumung des Wohnungseigentumsrechtes. Ergibt die Summe der einzelnen dargestellten Komponenten einen höheren Betrag als den Verkehrswert, so darf als Grundkostenanteil im Kaufpreis trotzdem nur der anteilige Verkehrswert verrechnet werden. Um Wohnungswerber vor ungerechtfertigt hohen Nachzahlungen durch Preissteigerungen auf Basis länger zurückliegender Kalkulationen zu schützen, sieht das WGG vor, dass die Preisbasis für Bau- und Grundkosten bei Abschluss des Kauf- oder Anwartschaftsvertrages nicht länger als ein Jahr zurückliegen darf. Ist die Preisbasis älter, muss Wohnungsbewerbern eine Neukalkulation auf aktueller Preisbasis übergeben werden. Ebenso ist eine Neukalkulation vorzunehmen, wenn sich der geplante Baubeginn des Vorhabens verzögert.

Fristen sind nicht unbedingt fix

Eine Wohnhausanlage wird im Dezember 2016 an die Wohnungskäufer übergeben. Die fünfjährige Frist ab Erstbezug endet daher im Dezember 2021. Da bis Ende Juni 2020 keine förderungsrechtliche Abrechnung gelegt wurde, verlängert sich die Frist zur Legung der Endabrechnung, auch wiederholt, um jeweils ein Jahr. Tatsächlich wird die Endabrechnung erst im Oktober 2022 gelegt. Die Frist zur Erhebung von Einwendungen läuft daher im Dezember 2023 ab.

Die gemeinnützige Bauvereinigung ist verpflichtet, binnen 5 Jahren nach Erstbezug der Baulichkeit eine Endabrechnung über die gesamten Herstellungskosten zu legen. Wurden Förderungsmittel für die Errichtung verwendet und liegt die förderungsrechtliche Endabrechnung nicht spätestens 6 Monate vor Fristende vor, verlängert sich die Frist zur Rechnungslegung jeweils um ein Kalenderjahr.

Im Regelfall wird mit der Abrechnung gleichzeitig auch Einsicht in die Belege gewährt. Andernfalls hat die Bauvereinigung noch 3 Jahre Zeit, Einsicht in die Belege zu gewähren, und muss über Verlangen eines Käufers (kostenpflichtige) Kopien der Belege anfertigen.

Ein Antrag auf Überprüfung der Endabrechnung ist binnen 3 Kalenderjahren beim örtlich zuständigen Bezirksgericht einzubringen. Nur wenn es in Ihrer Gemeinde eine Schlichtungsstelle gibt, muss der Antrag zunächst dort eingebracht werden.

Den gemeinnützigen Bauvereinigungen ist es aber auch erlaubt, Fixpreisvereinbarungen einzugehen. Damit entfällt das Risiko des Käufers, (hohe) Nachzahlungsbeträge leisten zu müssen. Dieser Fixpreis darf nicht unangemessen hoch sein. Das WGG spricht von offenkundiger Unangemessenheit, wenn der ortsübliche Preis frei finanzierter gleichartiger Wohnungen überschritten wird. Kalkuliert wird der Fixpreis innerhalb folgender Bandbreite: Die Untergrenze sind die tatsächlichen Grund- und Herstellungskosten der Baulichkeit. Die Obergrenze ist die Summe aus den Grund- und Herstellungskosten zuzüglich der 2-prozentigen Rücklage und zuzüglich eines 3-prozentigen Pauschalsatzes zur Risikoabgeltung. Bei einem Kauf zum Fixpreis entfällt eine Endabrechnung gegenüber den Käufern. Eine Überprüfung des Preises ist nur dann möglich, wenn er offenkundig unangemessen hoch ist. Ein Antrag auf Überprüfung des Fixpreises wegen offenkundiger Unangemessenheit muss binnen sechs

Lassen Sie im Zweifelsfall die Endabrechnung gerichtlich überprüfen

Monaten ab erstmaligem Bezug der Wohnung beim Bezirksgericht bzw. bei der Schlichtungsstelle eingebracht werden.

Das Bauträgervertragsgesetz

Das Bauträgervertragsgesetz bewahrt Sie als Wohnungswerber vor finanziellen Nachteilen

Müssen Sie bereits vor Fertigstellung der Wohnung Zahlungen leisten, sollten Sie diesen Abschnitt besonders aufmerksam lesen. Er beschäftigt sich nämlich mit dem Bauträgervertragsgesetz (BTVG). Dessen zentraler Punkt ist die Absicherung der Wohnungswerber für die vor Fertigstellung des Bauvorhabens geleisteten Zahlungen. Dafür sind verschiedene Sicherungsmodelle vorgesehen. Außerdem ist hier ein bestimmter Mindestumfang des Vertragsinhaltes festgelegt. Die Bestimmungen des BTVG sind zwingend, das heißt, sie dürfen nicht zum Nachteil des wohnungssuchenden Konsumenten abgeändert werden.

Das BTVG ist auf alle Kauf-, Anwartschafts- und Mietverträge anwendbar, bei denen der Wohnungsinteressent mehr als 150 Euro pro Quadratmeter Nutzfläche vor Fertigstellung der Wohnung zu bezahlen hat. Außerdem gilt das BTVG auch für Wohnungen in Altbauten, die durchgreifend erneuert werden sollen, wie auch für neu zu schaffende Dachgeschoßwohnungen in Altbauten. Ob der Verkäufer eine gemeinnützige Bauvereinigung, eine private Kapitalgesellschaft oder eine natürliche Person ist, bleibt für die Anwendbarkeit des BTVG ohne Auswirkungen. Es ist daher bei Vorliegen der beschriebenen Voraussetzungen immer anzuwenden. Die Bestimmungen des Gesetzes können auch nicht dadurch umgangen werden, dass zwei Verträge geschlossen werden – ein Kaufvertrag über den Erwerb des Eigentumsrechtes und ein Werkvertrag über die Herstellung oder Sanierung einer Wohnung. Bilden diese beiden Verträge eine wirtschaftliche Einheit – verkauft wird nur dann, wenn der Käufer auch einen Werkvertrag abschließt –, so unterliegen beide Verträge den Regelungen des BTVG.

Auf den Grenzbetrag von 150 Euro pro Quadratmeter Nutzfläche sind aber nicht nur die Zahlungen für die Grund- und Baukosten anzurechnen, sondern alle mit dem Wohnungserwerb zusammenhängenden Aufwendungen wie z.B. Vertragserrichtungskosten oder Zahlungen für Sonderausstattungen. Müssen Sie vor der Wohnungsfertigstellung insgesamt mehr als die genannten 150 Euro pro Quadratmeter Nutzfläche bezahlen, ist das BTVG auf Ihren Vertrag anwendbar. Sie müssen neben einem Kauf- oder Anwartschaftsvertrag nicht extra einen Bauträgervertrag abschließen. In Ihrem Kauf- oder Anwartschaftsvertrag müssen aber alle Punkte enthalten sein, die das BTVG als zwingenden Vertragsinhalt vorsieht.

Die Nichteinhaltung der Bestimmungen des BTVG stellt eine Verwaltungsübertretung dar und kann mit Geldstrafen bis zu 28.000 Euro belegt werden. Entspricht Ihr Vertrag in wesentlichen Punkten nicht den Bestimmungen des BTVG, lassen Sie ihn von einer Konsumentenberatungsstelle überprüfen und übermitteln Sie ihn in Kopie auch an die zuständige Verwaltungsbehörde (Bezirkshauptmannschaft oder Magistrat in großen Städten).

Der Kauf- oder Anwartschaftsvertrag muss schriftlich abgefasst werden und zumindest folgende Informationen enthalten:

- Den korrekt bezeichneten Vertragsgegenstand – die Wohnung und die allgemein nutzbaren Teile der Gesamtanlage – inklusive der genauen Pläne und Baubeschreibungen sowie einer Beschreibung der Ausstattung und des Zustandes der Wohnung. Kommt es im Zuge der Bauführung zu Änderungen, muss der Käufer verständigt werden und diesen zustimmen.
- Für den Fall des Zutreffens einen Hinweis, dass die Wohnung bzw. die Anlage in einer bestimmten Gefahrenzone liegt. Davon erfasst sind: die Lage in einer Lawinen- oder Hochwasserzone, aber auch Grundstücke mit umweltgefährdenden Ablagerungen, die im Verdachtsflächenkataster bzw. im Altlastenatlas ausgewiesen sind.
- Den Preis und die vom Käufer für Sonderausstattungen bzw. Zusatzleistungen zu entrichtenden Beträge. Weiters eine Information über die Nebenkosten wie Steuern und Gebühren und die Kosten des beigezogenen Rechtsanwaltes bzw. Notars.
- Die Fälligkeit der Kaufpreis(teil)zahlungen. Da im Regelfall ein Treuhänder eingeschaltet ist, wird bei der Fälligkeit von Zahlungen unterschieden: Wann muss der Käufer Zahlungen an den Treuhänder leisten? Zu welchen Terminen darf dieser Teilbeträge in welcher Höhe an den Bauträger weiterleiten?

Sie haben ein Recht, zu erfahren, wann Sie Ihre neue Wohnung beziehen können

- Ist kein Fixpreis vereinbart, so darf ein veränderlicher Preis nur dann vereinbart werden, wenn ein Basispreis und die Kostenfaktoren für die Preisänderung festgelegt sind und eine Obergrenze bestimmt ist. Ist die Vereinbarung unwirksam, z.B. weil die Obergrenze für den flexiblen Preis fehlt, so gilt der Basispreis als Kaufpreis. Ausnahme: Nur gemeinnützige Bauvereinigungen dürfen den Preis nach den Bestimmungen des Wohnungsgemeinnützigkeitsgesetzes (WGG) bilden und müssen daher nicht in allen Fällen eine Obergrenze bekannt geben (► Seite 85).
- Den spätesten Übergabetermin der Wohnung und den Termin für die Fertigstellung der Gesamtanlage. Liegt bei Vertragsabschluss noch keine Baubewilligung für das Bauvorhaben vor, so kann vereinbart werden, dass der angegebene Übergabetermin bei nicht vorhersehbarer langer Dauer des Baubewilligungsverfahrens um bis zu einem Jahr überschritten werden darf.
- Vom Käufer zu übernehmende Lasten, z.B. ein Wohnbauförderungsdarlehen in genauer betraglicher Höhe.
- Die Art der Sicherung der vom Käufer geleisteten Zahlungen und die Bekanntgabe des Treuhänders, wenn ein solcher zu bestellen ist. Zahlungen werden daher erst dann fällig, wenn der Bauträger den Erwerber der Wohnung gegen den Verlust seiner Zahlungen abgesichert hat. Bei einer Sicherung durch Garantie oder Versicherung muss überdies das Konto bekannt gegeben werden, auf das der Käufer seine Zahlungen zu leisten hat.

Die Einräumung eines Haftrücklasses ist unabhängig von der Art der Kaufpreissicherung in allen Fällen zwingend vorgesehen. Er muss zumindest zwei Prozent des Kaufpreises betragen und für die Dauer von drei Jahren ab Wohnungsübergabe eingeräumt werden. Der Bauträger erhält diese restlichen zwei Prozent des Kaufpreises daher erst drei Jahre nach der Wohnungsübergabe.

Als Alternative zu dieser späten Restzahlung steht dem Bauträger aber die Möglichkeit offen, eine Garantie oder eine Versicherung zugunsten des Erwerbers beizubringen, mit der die Gewährleistungs- und Schadenersatzansprüche gesichert werden. Diese Garantieerklärung muss von einem Kreditinstitut, einem Versicherungsunternehmen oder einer inländischen Körperschaft abgegeben werden. Der Haftrücklass bzw. die an seine Stelle tretende Garantie (Versicherung) dient nicht nur zur Abdeckung von Mängeln in der eigenen Wohnung, sondern auch von Mängeln an allgemeinen Teilen der Anlage. Diese Regelung bietet den Erwerbern daher einen erweiterten Schutz zur Durchsetzung ihrer Gewährleistungs- und Schadenersatzansprüche gegen den Bauträger.

Sicherungsmodelle

Kernstück des BTVG ist eine geeignete Absicherung der Vorauszahlungen des Wohnungskäufers für den Fall wirtschaftlicher Schwierigkeiten bis hin zum Konkurs des Bauträgers. Die Sicherungspflicht des Bauträgers endet erst mit Übergabe der fertiggestellten Wohnung und der Eintragung des Wohnungseigentums im Grundbuch. Das BTVG kennt verschiedene Sicherungsmodelle. In Ihrem Vertrag muss zumindest eines davon vorgesehen werden.

Schuldrechtliche Sicherung

Rückforderungsansprüche des Erwerbers können durch Garantie oder eine geeignete Versicherung abgesichert werden. Ebenso ist eine Fertigstellungsgarantie zulässig. Garant muss ein Kreditinstitut sein, ein Versicherungsunternehmen oder eine inländische Gebietskörperschaft, etwa eine Gemeinde. Der Erwerber muss seine Zahlungen immer auf das im Bauträgervertrag genannte Konto leisten, um abgesichert zu sein. Zahlt er in der Folge auf ein anderes Konto ein, verliert er die Sicherung.

Die schuldrechtliche Sicherung ist das für den Käufer beste Modell

Da bei diesem Sicherungsmodell auch Rückforderungsansprüche abgedeckt werden, ist es für den Käufer zweifelsohne eine sehr gute Regelung. Weil es gleichzeitig das für den Bauträger teuerste Modell ist, wird es nur selten angeboten.

Sicherung durch „Sperrkontomodell"

Hier erfolgen die Zahlungen des Erwerbers auf ein eigenes Konto bei einem Kreditinstitut. An den Bauträger darf das Geld erst nach Übergabe der Wohnung und Verbücherung des Wohnungseigentums zugunsten des Käufers ausbezahlt werden. Für den Fall, dass der Bauträger vor Fertigstellung insolvent wird, können im Vertrag verschiedene Vorgangsweisen vorgesehen sein. Entweder erhalten die Wohnungsinteressenten ihr Geld zurück oder es wird mit den nach wie vor bei der Bank erliegenden Geldern das Wohnbauvorhaben fertiggestellt.

Grundbücherliche Sicherung mit Zahlung nach Ratenplan und Bestellung eines Treuhänders

Dieses Sicherungsmodell ist das in der Praxis am häufigsten gewählte. Zur grundbücherlichen Sicherung des Erwerbers muss zumindest die Zusage der Einräumung von Wohnungseigentum an ihn im Grundbuch angemerkt werden. Diese wird im Rang der Treuhänderanmerkung eingetragen und verschafft dem Käufer die Stellung eines WE-Bewerbers. Die sofortige Eintragung des Miteigentums des Wohnungswerbers wird vom BTVG nicht gefordert. Es ist jedoch aufgrund der damit verbundenen besseren Rechtsstellung (► Seite 22) zu empfehlen.

Durch die Zahlung nach Ratenplan wird sichergestellt, dass der Bauträger das Geld nur entsprechend dem Baufortschritt bekommt. Meist stellt der Wohnungswerber zunächst dem Treuhänder den Kaufpreis zur Verfügung. Dieser darf die Raten erst nach Abschluss einzelner Bauabschnitte an den Bauträger weiterleiten. Wird der Kaufpreis mit einem Darlehen des Käufers finanziert, so darf der Treuhänder dem Baufortschritt entsprechend das Darlehen ratenweise abrufen.

Es stehen zwei Varianten für die Abwicklung der Zahlungen an den Bauträger zur Verfügung, Ratenplan A und Ratenplan B. Bei der Wahl des Ratenplanes A muss der Bauträger eine Zusatzsicherung zur Verfügung stellen, wenn der Wohnungserwerb zur Deckung des dringenden Wohnbedürfnisses des Käufers oder eines nahen Angehörigen dienen soll. Nur wenn es sich beim geplanten Kauf beispielsweise um eine Freizeit- oder eine Vorsorgewohnung handelt, entfällt die Zusatzsicherung.

Die Zusatzsicherung besteht in einer Garantieerklärung eines Kreditinstitutes, einer Versicherung oder einer inländischen Körperschaft in der Höhe von mindestens zehn Prozent des Gesamtkaufpreises. Anstelle der Garantie kann der Bauträger auch eine Versicherung zugunsten des

Nutzung überprüfen!

Achten Sie darauf, dass im Anwartschafts- oder Kaufvertrag kein unrichtiger Hinweis zur geplanten künftigen Nutzung Ihrer Wohnung enthalten ist. Die Zusatzsicherung beim Ratenplan A ist gesetzlich nur dann zwingend vorgesehen, wenn die Wohnung zur Deckung des dringenden Wohnbedürfnisses dienen soll.

Erwerbers beibringen. Die Zusatzsicherung muss alle vermögenswerten Nachteile des Erwerbers absichern, die sich bei der Eröffnung eines Insolvenzverfahrens über das Vermögen des Bauträgers ergeben können. Zu denken ist dabei vorrangig an die Mehrkosten, die sich aus der Verzögerung bzw. Einstellung des Bauvorhabens ergeben können.

Beim Ratenplan B gibt es keine Zusatzsicherung, dafür bekommt der Bauträger die Teilzahlungen jeweils erst zu einem späteren Zeitpunkt. Damit soll sichergestellt werden, dass die Summe der Teilzahlungen nicht höher ist als der Wert der bereits erbrachten Bauleistungen.

Im BTVG werden die Kaufpreisraten, die abhängig vom Baufortschritt an den Bauträger weitergeleitet werden dürfen, für die beiden Möglichkeiten – Ratenplan A und B – jeweils in Prozent des gesamten Kaufpreises

Termin – Baufortschritt	Ratenplan A	Ratenplan B
Baubeginn aufgrund einer rechtskräftigen Baubewilligung	15 %	10 %
Fertigstellung des Rohbaus und des Dachs	35 %	30 %
Fertigstellung der Rohinstallation	20 %	20 %
Fertigstellung der Fassade und der Fenster samt Verglasung	12 %	12 %
Bezugsfertigstellung der Wohnung bzw. vereinbarte vorzeitige Übergabe der Wohnung	12 %	17 %
Fertigstellung der Gesamtanlage	4 %	9 %
Nach Ablauf von drei Jahren ab Übergabe der Wohnung – „Haftrücklass". Wird hingegen eine Garantie oder eine Versicherung zur Sicherung der Gewährleistungs- und Schadenersatzansprüche erbracht, ist diese letzte Rate bereits früher fällig.	2 %	2 %

Zahlung nach Ratenplan heißt: Geld gegen Baufortschritt

ausgewiesen. Die höchstzulässigen Teilzahlungen betragen (in Prozent des Kaufpreises):

Die im BTVG angeführten Kaufpreisraten sind immer als Höchstbeträge zu verstehen. Für den Erwerber günstigere Vereinbarungen sind zulässig. Besonders beim letzten Teilbetrag (Haftrücklass) scheinen anderslautende Vereinbarungen sinnvoll. Dies kann die Höhe betreffen, beispielsweise 3 statt 2 Prozent, aber auch die Fälligkeit: Die Dreijahresfrist beginnt erst mit dem Zeitpunkt der Fertigstellung der Gesamtanlage und nicht bereits mit Übergabe der Wohnung. Wird ein Altbau durchgreifend erneuert und werden dabei Eigentumswohnungen geschaffen, sind die obigen Fälligkeitstermine sinngemäß anzuwenden. Das heißt, auch hier dürfen Zahlungen nur entsprechend dem Baufortschritt vereinbart werden. Da der Treuhänder in den seltensten Fällen selbst den Abschluss der einzelnen Bauabschnitte beurteilen kann, wird er dafür einen Ziviltechniker oder einen Sachverständigen für das Bauwesen beiziehen.

Pfandrechtliche Sicherung und Bestellung eines Treuhänders

Dieses Modell sieht eine Absicherung von Rückforderungsansprüchen durch ein ausreichendes Pfandrecht auf einer (anderen) Liegenschaft des Bauträgers vor. Das Pfandrecht kann auch zugunsten des Treuhänders eingetragen werden. Der Treuhänder muss überprüfen, ob das Pfandrecht ausreichend Deckung bietet. Da der Treuhänder (Notar oder Rechtsanwalt) im Regelfall nicht über die notwendigen Kenntnisse zur Bewertung von Grundstücken verfügt, kann er für die Bewertung einen Sachverständigen für das Immobilienwesen beiziehen.

Bessere Konditionen

Verhandeln Sie mit Ihrem Bauträger über die Höhe und Fälligkeit der Kaufpreisraten, im BTVG sind nur die Maximalbeträge genannt. Besonders bei der letzten Rate kann eine spätere Fälligkeit für Sie wichtig sein, weil damit auch Gewährleistungsansprüche für Mängel an allgemeinen Hausteilen für einen längeren Zeitraum erfasst werden.

Der Treuhänder

Mit Ausnahme des schuldrechtlichen Sicherungsmodells muss vom Bauträger vor dem erstmaligen Vertragsabschluss mit einem Wohnungswerber ein Treuhänder bestellt werden. Dieser Treuhänder wird auch vom Bauträger bezahlt. Zum Treuhänder darf nur ein Rechtsanwalt oder Notar bestellt werden.

Nur Rechtsanwälte oder Notare dürfen als Treuhänder bestellt werden

Den Treuhänder treffen umfangreiche Verpflichtungen nach dem BTVG. Seine Tätigkeit endet erst mit dem Ende der Sicherungspflicht des Bauträgers, das heißt mit Fertigstellung des Bauvorhabens und Eintragung des Wohnungseigentums im Grundbuch. Der Treuhänder haftet für die Lastenfreiheit Ihres Miteigentumsanteiles, für eine allfällige Belastung aber nur in einem vertraglich vereinbarten Ausmaß, z.B. durch Wohnbauförderungsmittel. Die wichtigsten Aufgaben des Treuhänders im Einzelnen:

- Er hat den Erwerber über die Art des Vertrages und die wesentlichen Vertragspunkte in rechtlicher Hinsicht zu belehren. Der Treuhänder muss daher den Vertrag mit dem Käufer besprechen.
- Er hat dem Erwerber die vertraglich vorgesehene Sicherung zu erklären und damit zusammenhängend die Folgen im Falle der Eröffnung eines Insolvenzverfahrens über das Vermögen des Bauträgers zu erläutern. Ebenso hat er den Haftrücklass und dessen Rechtsfolgen zu erklären.
- Die Einhaltung der vereinbarten Sicherung durch den Bauträger ist vom Treuhänder zu überwachen. Damit wird z.B. eine vertragswidrige Belastung des Grundstückes durch den Bauträger verhindert.
- Dem Käufer muss der Treuhänder über die erhaltenen Zahlungen zumindest einmal jährlich Rechnung legen (bis 31. Jänner des Folgejahres).
- Der Treuhänder hat dafür zu sorgen, dass die Zahlungen der Käufer an ihn ausschließlich auf ein besonders abgesichertes Treuhandkonto geleistet werden, wie es für Rechtsanwälte und Notare vorgesehen ist (► Seite 105).

- Bei der grundbücherlichen Sicherstellung hat der Treuhänder die vertraglichen und grundbuchsrechtlichen Voraussetzungen der Sicherung zu prüfen. Für die Feststellung der Fälligkeit der Kaufpreisraten muss er den Baufortschritt überwachen und den Käufer vom Abschluss der einzelnen Bauabschnitte verständigen.
- Bei der pfandrechtlichen Sicherung muss der Treuhänder die vertraglichen, grundbuchsrechtlichen und wertmäßigen Voraussetzungen für die Deckung möglicher Rückforderungsansprüche prüfen.

Da der Treuhänder in den seltensten Fällen gleichzeitig über umfangreiche bautechnische Kenntnisse verfügen wird, kann er einen Ziviltechniker oder einen Sachverständigen zur Feststellung des Baufortschrittes bzw. des Liegenschaftswertes heranziehen. Diese Fachleute haften mit ihren Gutachten den Wohnungskäufern unmittelbar, sie sind daher nicht dem Treuhänder zurechenbar. Zur Absicherung des damit verbundenen Haftungsrisikos sind die Gutachter verpflichtet, eine Haftpflichtversicherung über eine Mindestversicherungssumme von 400.000 Euro je Versicherungsfall abzuschließen.

Die Treuhänderrangordnung

Mit der Treuhänderrangordnung wird die gesamte Liegenschaft – und damit alle künftigen Eigentumswohnungen – vor dem Zugriff von Gläubigern des Bauträgers (Liegenschaftseigentümers) geschützt. Damit ist die Fertigstellung des Bauvorhabens auch im Fall der Insolvenz des Bauträgers möglich.

Die Treuhänderrangordnung schützt die Wohnungskäufer

Die Treuhänderrangordnung ist unbefristet. Sie kann nur zugunsten des bestellten Treuhänders (Rechtsanwalts oder Notars) eingetragen und nur über dessen Antrag wieder gelöscht werden. Da sich die Treuhänderrangordnung auf alle Wohnungen bezieht, können die Zusagen der Einräumung des Wohnungseigentumsrechtes an bestimmten Wohnungen zugunsten der einzelnen WE-Bewerber jeweils im bücherlichen Rang der Treuhänderrangordnung vorgenommen werden.

Wurde z.B. die unbefristete Treuhänderrangordnung 2019 im Grundbuch eingetragen, erfolgen auch spätere WE-Zusagen, z.B. im Jahr 2022, jeweils im zeitlich früheren Rang dieser Treuhänderrangordnung. Durch diese Bestimmung wird sichergestellt, dass Belastungen in einem Rang nach der Treuhänderrangordnung nicht auf Kosten der WE-Bewerber gehen (Muster eines Grundbuchauszuges ► Seite 36).

Rückforderung und Gewährleistung

Wurden Zahlungen an den Bauträger entgegen den zwingenden Bestimmungen über die Fälligkeiten vorzeitig getätigt, kann der Wohnungskäufer diese samt einer deutlich über dem gesetzlichen Zinsfuß liegenden Verzinsung zurückfordern. Wenn die Fälligkeit inzwischen eingetreten ist, stehen dem Wohnungskäufer die bis dahin aufgelaufenen Zinsen zu. Der Bauträger haftet auch für Rückforderungsansprüche gegen Dritte, wenn der Käufer vertragsgemäß Zahlungen an diese, z.B. an bauausführende Professionisten, geleistet hat.

Besonders geregelt ist schließlich auch das Vorgehen bei auftretenden Mängeln am Bauwerk. Gewährleistungsansprüche aufgrund mangelhaft erbrachter Leistungen sind vom Käufer grundsätzlich gegen den Bauträger zu richten. Dieser aber kann seinerseits wieder auf die beauftragten Handwerker zurückgreifen.

Gewährleistungsansprüche müssen Sie gegen den Bauträger richten

Mit dem zwingend vorgesehenen Haftrücklass von zumindest 2 Prozent des Kaufpreises sind auftretende Probleme bei Gewährleistungsansprüchen einfacher zu lösen. Die Käufer sind wirtschaftlich in einer besseren Position, weil sie dem Bauträger die letzte Kaufpreisrate noch nicht überwiesen haben oder als Alternative dazu über eine Garantie bzw. Versicherung zur Absicherung derartiger Ansprüche verfügen.

Gibt es bei der Durchsetzung von Gewährleistungsansprüchen trotzdem Schwierigkeiten, z.B. weil der Bauträger in Konkurs ist, kann

Beratung in Anspruch nehmen!

Nehmen Sie, bevor Sie die Abtretung von Gewährleistungsansprüchen vom Bauträger begehren, kompetente rechtliche Beratung in Anspruch, um auch die möglichen „negativen" Folgen dieses Schrittes beurteilen zu können.

der Käufer die Abtretung jener Ansprüche verlangen, die dem Bauträger gegen Dritte (Unternehmen, die am Bau beschäftigt waren) zustehen. Der Forderungsübergang tritt mit dem Einlangen der schriftlichen Aufforderung des Käufers zur Abtretung beim Bauträger ein. Ab diesem Zeitpunkt kann der Käufer die Gewährleistung direkt vom Dritten, dem bauausführenden Unternehmen, verlangen. Mit der Abtretung von Gewährleistungsansprüchen durch den Bauträger kann dieser aber unter Umständen offene Forderungen gegen den Käufer geltend machen. Eine derartige Abtretung sollten Sie daher erst nach ausführlicher Beratung begehren.

Rücktrittsrechte

Auch im BTVG sind besondere Rücktrittsgründe geregelt.

Rücktritt des Käufers bei nicht rechtzeitigem Erhalt der Vertragsunterlagen

Um dem Wohnungsinteressenten genügend Zeit zum Überlegen zu lassen und ihn vor übereilten Vertragsabschlüssen zu schützen, sieht das BTVG vor, dass ihm zumindest eine Woche vor dem tatsächlichen Vertragsabschluss sämtliche Unterlagen zur Verfügung zu stellen sind. Dazu gehört insbesondere der Vertragsentwurf samt Angabe des Sicherungsmodells und konkretem Wortlaut der geplanten Sicherung. Wird der Kauf- oder Anwartschaftsvertrag vom Kaufinteressenten vor Ablauf dieser Wochenfrist unterschrieben oder hat er vor Vertragsunterzeichnung gar keine Unterlagen erhalten, kann er ohne Angabe von Gründen vom Vertrag zurücktreten. Der Rücktritt kann binnen 14 Tagen nach Zustandekommen des Vertrages erklärt werden. Die Frist beginnt mit dem Tag, an dem die Vertragsunterlagen und eine Belehrung über das Rücktrittsrecht in schriftlicher Form übergeben wurden. Wenn diese Unterlagen zwar übergeben wurden, allerdings die Wochenfrist nicht eingehalten wurde, beginnt der Fristenlauf ebenfalls mit Zustandekommen des Vertrages. Werden die erforderlichen Vertragsunterlagen bzw. die Belehrung über das Rücktrittsrecht nicht übergeben, erlischt das Rücktrittsrecht jedenfalls sechs Wochen nach dem Vertragsabschluss. Der Rücktritt ist schriftlich, am besten mit eingeschriebenem Brief, an den Vertragspartner zu richten. Die Frist ist gewahrt, wenn der Rücktritt am letzten Tag der Frist (Datum des Poststempels) erklärt wird.

Rücktritt des Käufers wegen des Unterbleibens der Wohnbauförderung

Wurde der Finanzierung des Bauvorhabens im Kauf- oder Anwartschaftsvertrag die Gewährung einer Wohnbauförderung zugrunde gelegt und wird diese dann gar nicht oder in erheblich geringerem Ausmaß gewährt, besteht ebenfalls ein Rücktrittsrecht des Käufers. Für den Rücktritt gelten dieselben Fristen wie oben.

Der Fristenlauf beginnt mit der Verständigung des Käufers vom Unterbleiben der Wohnbauförderung und einer schriftlichen Belehrung über sein Rücktrittsrecht. Wird hingegen aus Gründen, die in der Person des Käufers liegen, keine Wohnbauförderung gewährt, steht kein Rücktrittsrecht zu. Dies ist z.B. der Fall, wenn die Einkommensgrenzen überschritten werden oder der Käufer notwendige Förderungsanträge nicht unterschreibt.

Vertragliche Rücktrittsrechte des Bauträgers

Dem Bauträger steht es offen, im Kauf- oder Anwartschaftsvertrag mit einem Wohnungsinteressenten vorzusehen, dass ihm in zwei bestimmten Fällen ebenfalls ein besonderes Rücktrittsrecht zusteht.

Nicht nur der Wohnungsinteressent, sondern auch der Bauträger kann vom Vertrag zurücktreten

- Findet er für die Realisierung des Bauvorhabens zu wenig Interessenten, kann er vom bereits geschlossenen Vertrag zurücktreten. Dieser Rücktritt kann bis längstens sechs Monate nach Vertragsabschluss erklärt werden.
- Unterlässt es der Wohnungsinteressent trotz Aufforderung, ein vereinbartes Förderungsansuchen zu stellen oder Sicherheiten und notwendige Urkunden beizubringen, kann der Bauträger ebenfalls vom Vertrag zurücktreten.

Der Kaufvertrag

Damit eine Liegenschaft bzw. Anteile davon in Ihr Eigentum übergehen, sind zwei Handlungen erforderlich: Zunächst muss ein Kaufvertrag zwischen Käufer und Verkäufer erstellt und danach die Eintragung des Eigentumsrechtes im Grundbuch beantragt werden. Erst mit der grundbücherlichen Eintragung wird der Käufer Eigentümer des Liegenschaftsanteiles!

Mit dem Kaufvertrag halten Käufer und Verkäufer ihre zunächst nur mündlich geschlossene Vereinbarung schriftlich fest. Wurde ein Kaufanbot gelegt, so ist dieses die Grundlage für den abzuschließenden Kaufvertrag. Daraus ergibt sich die Notwendigkeit, bereits in das Anbot alle wichtigen Punkte und Zusicherungen aufzunehmen (► Seite 64). Da es sich meistens um größere Geldbeträge handelt und dem schriftlichen Kaufvertrag eine hohe Beweiskraft zukommt, sollten dort auch tatsächlich alle Bedingungen oder Zusicherungen des Verkäufers enthalten sein.

Die wichtigsten Vertragspunkte

Ein Kaufvertrag kann zwar von jedermann erstellt werden, trotzdem sollten Sie einen Rechtsanwalt oder Notar mit der Vertragsausfertigung beauftragen. Diese Vertreter der rechtskundigen Berufe trifft eine besondere Aufklärungspflicht gegenüber beiden Vertragspartnern und eine entsprechende Haftung bei Pflichtverletzungen. Klären Sie, bevor Sie einen Rechtsanwalt oder Notar beauftragen, wie hoch dessen Honorar voraussichtlich sein wird (Nebenkosten ► Seite 78). Nur die Unterschriften von Käufer und Verkäufer auf dem Kaufvertrag müssen beglaubigt sein. Beglaubigungen nehmen alle Notare und Bezirksgerichte vor.

Nachfragen

Sind Ihnen einzelne Punkte eines Kaufvertragsentwurfes unklar, scheuen Sie sich nicht, Fragen zu stellen – etwa danach, welche Konsequenzen bestimmte Vereinbarungen haben können. Da Sie als Klient nicht rechtskundig sind, beauftragen Sie ja einen Anwalt oder Notar, damit er Ihre Interessen wahrt und Sie vor nachteiligen Vertragsbestimmungen schützt.

Ein Kaufvertrag, der dem Bauträgervertragsgesetz unterliegt (Zahlungen von mehr als 150 Euro pro Quadratmeter vor Fertigstellung der Wohnung), wird aufgrund der speziellen Anforderungen (► Seite 87) in der Praxis immer von einem Rechtsanwalt oder Notar errichtet werden. Aber auch hier ist es wichtig, den Inhalt zu überprüfen und bei Unklarheiten gezielt nachzufragen. Abgesehen von diesen speziellen Anforderungen nach dem BTVG sind folgende Punkte in jedem Kaufvertrag besonders wichtig:

- Im Kaufvertrag müssen die Namen der Vertragspartner und die genaue Bezeichnung der Liegenschaft bzw. des Liegenschaftsanteiles stehen. Wird neben dem Liegenschaftsanteil ein damit verbundenes Recht mitübertragen, z.B. das Wohnungseigentum an einer bestimmten Wohnung, so ist dies ebenfalls anzuführen.
- Soll der Liegenschaftsanteil mit eingetragenen Pfandrechten (Wohnbauförderung) oder lastenfrei (ohne Pfandrechte) erworben werden? Im ersten Fall ist natürlich die genaue Höhe der zu übernehmenden Schulden für den Käufer wichtig. Auch der Gläubiger muss der Übernahme zustimmen.
- Auch andere Lasten und Verbindlichkeiten, die mit der Liegenschaft zusammenhängen und vom Käufer übernommen werden sollen, sind im Kaufvertrag anzuführen. Das sind z.B. aufrechte Versicherungsverträge, ein Hausbesorgerdienstverhältnis usw. Wurde Wohnungseigentum hingegen bereits begründet, ist die Eigentümergemeinschaft Versicherungsnehmer oder Dienstgeber des Hausbesorgers. Der Käufer tritt daher nicht persönlich in diese Vertragsverhältnisse ein.
- Wichtig ist auch eine klare Regelung, bis wann der Kaufpreis aufgebracht werden muss und wann er an den Verkäufer ausgefolgt werden soll. Soll der Kaufpreis teilweise über ein Darlehen finanziert werden, muss auch das in den Kaufvertrag hinein. Bedenken Sie, dass die Bank bis zur Auszahlung einige Tage brauchen wird.
- Bei einer bereits bisher genutzten Wohnung vereinbaren Sie einen Übergabetermin und einen Stichtag für die Verrechnung. Ist die Wohnung vom Voreigentümer bereits geräumt, wird die Übergabe mit Kaufvertragsunterzeichnung oder kurz danach erfolgen. Für den Stichtag zum Übergang von Pflichten, insbeson-

Achtung: Abrechnungen der Hausverwaltung über Betriebskosten werden immer erst im Folgejahr gelegt

dere der Zahlungspflichten, wird häufig die Formulierung „der der Vertragsunterzeichnung folgende Monatserste" gewählt.

- Beachten Sie, dass Abrechnungen der Hausverwaltung über Betriebskosten usw. erst im Folgejahr gelegt werden. Wenn Sie daher im ersten Halbjahr eine Wohnung erwerben, kann Ihnen eine Nachzahlung an Betriebskosten für das vergangene Jahr drohen. Im Kaufvertrag können Sie aber vereinbaren, dass für den Saldo des Vorjahres der Verkäufer aufzukommen hat.
- Vergessen Sie nicht die Aufsandungserklärung, der zufolge der Verkäufer mit der Eintragung des Eigentumsrechtes im Grundbuch zugunsten des Käufers einverstanden ist.

Kaufen Sie eine Wohnung in einem Althaus, so sind folgende Vertragspunkte, den baulichen und rechtlichen Zustand der Liegenschaft bzw. der Wohnung betreffend, für Sie besonders wichtig:

- Wird vom Verkäufer ein bestimmter Zustand der Liegenschaft, des Gebäudes oder der Wohnung zugesichert, halten Sie das im Kaufvertrag exakt fest. Soll an einem Althaus Wohnungseigentum erst begründet werden, ist das Gutachten über den Erhaltungszustand des Hauses (► Seite 59) in den Kaufvertrag einzubeziehen.
- Wichtig für Sie als Käufer ist der Umstand, dass keine behördlichen Aufträge für die Liegenschaft, z.B. Bauaufträge, bestehen. Es haften nämlich alle Miteigentümer zur ungeteilten Hand für die Erfüllung der Verpflichtungen nach den Bauordnungen.
- Verpflichtet sich der Verkäufer zur Durchführung bestimmter Arbeiten am Haus, z.B. zur Fassadenerneuerung oder zu einem nachträglichen Lifteinbau, unter dem Hinweis, dass das alles für Sie als Käufer „kostenlos" ist, heißt das in Wirklichkeit, dass Sie Ihren Anteil bereits mit dem Kaufpreis bezahlt haben.

Vorsicht, Nachzahlung!

Hat die Hausverwaltung die Abrechnungen für das Vorjahr noch nicht gelegt, vereinbaren Sie, dass der Verkäufer für eine Nachzahlung (Guthaben) aus der Vorjahresabrechnung zuständig ist.

- Nehmen Sie einen Endtermin für die Durchführung der versprochenen Arbeiten in den Kaufvertrag auf. Und bestehen Sie darauf, dass ein Teil des Kaufpreises erst nach der tatsächlichen Arbeitsdurchführung an den Verkäufer ausgefolgt wird.
- Ist das Wohnungseigentum an der Liegenschaft zwar beabsichtigt, aber noch nicht begründet, so sollte dieser Punkt im Kaufvertrag bedacht werden. Bis wann wird das Wohnungseigentum begründet? Wer trägt die Kosten für das Nutzwertgutachten und für den Wohnungseigentumsvertrag? Kaufen Sie direkt vom WE-Organisator, sollten Sie auch hier zu Ihrer Absicherung darauf bestehen, dass ein Kaufpreisrest erst nach der tatsächlichen Wohnungseigentumsbegründung an den Verkäufer ausgefolgt wird.
- Erwerben Sie eine Wohnung in einem Haus mit Altmietern, muss auch dieser Umstand im Kaufvertrag berücksichtigt werden. Da Sie rechtlich gesehen gegenüber den Altmietern bis zur Wohnungseigentumsbegründung auch zum (Mit-)Vermieter werden, sollten Sie sich entsprechend absichern (► Seite 25). Am besten ist eine Klarstellung, dass alle Rechte und Pflichten aus den Mietverhältnissen den Miteigentümer treffen, dem die entsprechenden Wohnungen zuzuordnen sind. Dieser muss erklären, dass er Sie im Falle einer Inanspruchnahme durch die Mieter schad- und klaglos halten wird.

Bestehen Sie darauf, dass Endtermine für die Durchführung von versprochenen Arbeiten in Ihren Vertrag aufgenommen werden

Der Rangordnungsbescheid

Käufer und Verkäufer haben naturgemäß unterschiedliche Interessen. Der Käufer will sichergehen, dass er nach Entrichtung des Kaufpreises im Grundbuch eingetragen wird, was aber einige Zeit in Anspruch nimmt. Der Verkäufer will Sicherheit, dass er die Kaufsumme auch tatsächlich erhält. Es muss daher für beide Seiten eine Absicherung geben, wofür sich unterschiedliche Möglichkeiten der Vertragsgestaltung anbieten. Die am häufigsten angewandte Form ist der sogenannte Rangordnungsbescheid für die beabsichtigte Veräußerung in Verbindung mit einer Treuhandvereinbarung.

Will ein Eigentümer seine Liegenschaft veräußern, so kann er beim Grundbuchsgericht einen Rangordnungsbescheid beantragen. Dieser

Wer zuerst kommt …

Der Rangordnungsbescheid für die beabsichtigte Veräußerung gibt Ihnen zweifache Sicherheit. Sie schützen sich gegen die Gefahr eines Doppelverkaufes und sichern sich gegen neu hinzukommende Belastungen ab.

Bescheid wird nur in einfacher Ausfertigung ausgestellt, ist zwölf Monate lang gültig und wird im Grundbuch beim jeweiligen Liegenschaftsanteil angemerkt.

Der Rangordnungsbescheid bietet Ihnen Sicherheit

Innerhalb der Gültigkeitsdauer (zwölf Monate) kann nur derjenige das Eigentumsrecht an diesem Liegenschaftsanteil erwerben, der im Besitz des Bescheides ist. Mit Ausfolgung des Rangordnungsbescheides an den Käufer bzw. an den Treuhänder wird sichergestellt, dass keine andere Person im Grundbuch als neuer Eigentümer eingetragen wird (Gefahr des Doppelverkaufes). Der Rangordnungsbescheid hat aber noch einen weiteren Vorteil: Er gibt Ihnen als Käufer die Sicherheit, dass Belastungen, die erst nach seiner Ausstellung im Grundbuch eingetragen werden, gegen Sie nicht wirksam werden. Wird Ihr Eigentumsrecht im zeitlich früheren Rang des Rangordnungsbescheides eingetragen, können Sie derartige Belastungen löschen lassen!

Dasselbe Ergebnis wird mit der Eintragung einer sogenannten Treuhänderrangordnung im Grundbuch erzielt (► Seite 94). Hier wird im Regelfall zugunsten des Vertragserrichters eine Rangordnung eingetragen. Sobald ein Kaufvertrag abgeschlossen ist und alle Zahlungen vereinbarungsgemäß geleistet wurden, kann der Käufer im Rang des Treuhänders eingetragen werden. Ein Vorteil dieser Vorgangsweise liegt darin, dass die Eintragung automationsgestützt beantragt und damit auch rascher vollzogen werden kann.

Treuhandvereinbarungen

Der Abschluss einer Treuhandvereinbarung ist zwar nicht unumgänglich, aber sehr zu empfehlen! Kaufverträge, die einer behördlichen Genehmigung (► Seite 105) bedürfen oder bei denen eine teilweise Fremdfinanzierung des Kaufpreises vorgesehen ist, werden praktisch nie ohne

Treuhandvereinbarung geschlossen. Als Treuhänder kommen insbesondere Rechtsanwälte und Notare in Betracht.

Bei einer Treuhandvereinbarung wird der Treuhänder vom Treugeber (hier Käufer) beauftragt, ihm übertragene Rechte nur unter bestimmten Bedingungen auszuüben. Zum Beispiel: Der Käufer als Treugeber beauftragt einen Rechtsanwalt als Treuhänder, die bei ihm hinterlegte Kaufsumme erst dann an den Verkäufer auszufolgen, wenn das lastenfreie Eigentumsrecht des Käufers im Grundbuch eingetragen ist. Dies ist besonders dort wichtig, wo aus dem Kaufpreis zunächst Schulden des Verkäufers beglichen werden müssen, damit der Käufer einen lastenfreien Anteil erwerben kann. Im Gegensatz zum Treuhänder nach dem BTVG (► Seite 90) gibt es für die normale Treuhandschaft keine gesetzlichen Mindestanforderungen; das heißt, alle Bedingungen müssen vertraglich vereinbart werden!

Da die Eintragung ins Grundbuch manchmal länger dauert, z.B. wegen einer fehlenden Unbedenklichkeitsbescheinigung des Finanzamtes, gibt es die Möglichkeit der Vormerkung des Eigentumsrechtes. Das bedeutet einen zunächst bedingten Eigentumserwerb. Mit der Nachreichung der

Auf Nummer sicher

Vereinbaren Sie im Rahmen eines Treuhandauftrages, dass der von Ihnen beim Treuhänder erlegte Kaufpreis erst dann an den Verkäufer ausgefolgt werden darf, wenn

- vom Verkäufer der Rangordnungsbescheid vorgelegt worden ist und
- das lastenfreie Eigentumsrecht des Käufers im Grundbuch (zumindest) vorgemerkt oder bereits eingetragen ist.

Ist das Wohnungseigentum noch nicht begründet, benötigen Sie noch zusätzlich die Bedingung, dass

- die Anmerkung der Zusage der Einräumung des Wohnungseigentumsrechtes gemäß WEG an den Anteilen des Verkäufers erfolgt ist. Kaufen Sie dagegen vom bisherigen Wohnungseigentumsbewerber, so gibt es schon eine „Zusage“ für diese Wohnung, nämlich zugunsten des Verkäufers. In diesem Fall müssen Sie darauf achten, dass die Zusage der Einräumung des Wohnungseigentumsrechtes zu Ihren Gunsten übertragen und im Grundbuch angemerkt wird.

fehlenden Urkunde, z.B. der Unbedenklichkeitsbescheinigung des Finanzamtes, wird die Eintragung gerechtfertigt und ist damit grundbücherlich abgeschlossen. Ab der bücherlichen Vormerkung sind Sie jedenfalls schon im Grundbuch eingetragen und somit abgesichert. Wird der Kaufvertrag unter einer aufschiebenden Bedingung geschlossen, muss erst diese Bedingung erfüllt sein, damit der Kaufvertrag rechtswirksam wird. Die Grundverkehrsgesetze der Länder sehen z.B. in allen Fällen des Grunderwerbs durch Ausländer eine behördliche Genehmigung vor (Näheres auf den folgenden Seiten). In diesem Fall ist nach Kaufvertragsunterfertigung die Zustimmung der Grundverkehrsbehörde zum Verkauf einzuholen. Erst wenn diese einer Übertragung zustimmt, wird der Kauf gültig und kann danach im Grundbuch eingetragen werden.

Durch die Zahlung des Kaufpreises an den Treuhänder kann der Verkäufer sicher sein, dass er bei einer Genehmigung des Kaufvertrages die Kaufsumme erhält; der Käufer wiederum kann sicher sein, dass bei einer Nichtgenehmigung der erlegte Kaufpreis wieder an ihn ausgefolgt wird.

Auch die Kredit gebende Bank kann die Bestellung eines Treuhänders fordern

Besonders kompliziert wird der Kaufvorgang, wenn der Käufer den Erwerb mit einem Darlehen teilfinanzieren will. Der Käufer muss zunächst mit seiner Bank oder Sparkasse einen Darlehensvertrag abschließen. Darin wird regelmäßig vereinbart, dass das Darlehen erst dann ausbezahlt werden darf, wenn das Pfandrecht im Grundbuch eingetragen ist.

Um dies sicherzustellen, besteht auch die Bank auf der Bestellung eines Treuhänders. Gleichzeitig wird das Eigentumsrecht des Käufers und das Pfandrecht als Belastung seiner Anteile im Grundbuch eingetragen. Der Treuhänder haftet in diesem Fall nicht nur dem Käufer und dem Verkäufer, sondern auch der Bank gegenüber für die ordnungsgemäße Abwicklung des Kauf- und Darlehensvertrages.

Die Treuhandvereinbarung wird meistens gleich in den Kaufvertrag mit aufgenommen, doch kann sie auch gesondert getroffen werden. Neben den genauen Bedingungen für die Auszahlung des erlegten Kaufpreises sollte ebenso festgelegt werden, wie die Rückabwicklung erfolgt, wenn es zu keiner Grundbucheintragung kommt. Wichtig ist auch die Regelung, welchem der Vertragspartner die während des Treuhanderlages (der Hinterlegung) auflaufenden Habenzinsen zustehen sollen. Solange der Verkäufer die Wohnung noch selbst nutzt, werden die Zinsen dem Käufer bleiben, andernfalls dem Verkäufer.

Absicherung von Treuhandgeldern

Da immer wieder Fälle der Veruntreuung von übernommenen Treuhandgeldern auch durch Rechtsanwälte und Notare vorgekommen sind, haben die Notariatskammer und die Rechtsanwaltskammer eigene Sicherungsmaßnahmen ergriffen. Alle Notare sind verpflichtend im notariellen Treuhandregister erfasst. Die einzelnen Rechtsanwaltskammern haben für ihre Mitglieder gesonderte anwaltliche Treuhand-Einrichtungen geschaffen. Alle Einrichtungen sehen vor, dass der Treuhänder die Übernahme einer Treuhandschaft melden, die Gelder auf eigenen Konten verwahren muss und die Auszahlung nur auf ein vorher bestimmtes Konto des Verkäufers erfolgen darf. Auch die Beendigung der Treuhandschaft ist zu melden und allen Beteiligten ist Rechnung zu legen. Nähere Auskünfte über die Treuhandschaft erteilen die Notariats- und Rechtsanwaltskammern (Adressen und Telefonnummern finden Sie im Abschnitt „Service", ► Seite 161ff).

Treuhänder müssen die Übernahme einer Treuhandschaft melden

Genehmigungspflicht bei Kaufverträgen

Die Bundesländer haben die Kompetenz, Landesgesetze bezüglich des gesamten Liegenschaftsverkehrs zu beschließen. Jeder Verkauf einer Liegenschaft bzw. von Liegenschaftsanteilen kann damit genehmigungspflichtig werden. Für folgende Fälle bestehen derzeit Regelungen in den einzelnen Bundesländern:

Grunderwerb durch Ausländer. Er ist in allen Bundesländern genehmigungspflichtig. Bürger aus EWR-Mitgliedstaaten sind aber österreichischen Staatsbürgern gleichgestellt.

In bestimmten Fällen sind auch Kaufverträge genehmigungspflichtig

Land- und forstwirtschaftlicher Grundverkehr. Der Kauf dieser Grundstücke bedarf in allen Bundesländern mit Ausnahme von Wien einer besonderen Genehmigung.

Baugrundstücksverkehr. Der Erwerb dieser Grundstücke ist in allen Bundesländern mit Ausnahme von Wien und Niederösterreich gesondert geregelt.

Achtung: Die Regelungen beim Baugrundstücksverkehr sind in den einzelnen Ländern völlig unterschiedlich. In manchen Bundesländern bedarf es einer ausdrücklichen behördlichen Zustimmung, in anderen genügt die Abgabe einer Erklärung des Käufers. Sonderregelungen gibt es jeweils beim Erwerb von Ferienwohnungen bzw. Grundstücken in besonders ausgewiesenen Zweitwohnungsgebieten.

Der Erwerb von Liegenschaften bzw. Liegenschaftsanteilen in den Verordnungsgebieten nach dem Stadterneuerungsgesetz bedarf ebenfalls einer besonderen behördlichen Genehmigung. Der Umstand eines derartigen Verordnungsgebietes wird im Grundbuch angemerkt (Muster eines Grundbuchauszuges ► Seite 40).

Die Begründung von Wohnungseigentum

Wohnungseigentum wird erst mit der Verbücherung im Grundbuch erworben. Für die Eintragung sind dem Grundbuchgericht folgende Urkunden vorzulegen:

- Die Bescheinigung der Baubehörde oder das Gutachten eines für den Hochbau zuständigen Ziviltechnikers bzw. Immobiliensachverständigen über alle selbstständigen Objekte im Haus und die vorhandenen Kfz-Abstellplätze auf der Liegenschaft. Diese Bescheinigung ist aufgrund der genehmigten (Um-) Baupläne zu erstellen und kann daher bereits vor Fertigstellung des Bauvorhabens, nur aufgrund der Baugenehmigung, ausgefertigt werden.
- Das Gutachten eines Ziviltechnikers oder eines Sachverständigen über die Nutzwertberechnung bei erstmaliger Wohnungseigentumsbegründung. Aus dem Nutzwert je Wohnung (sonstiger selbstständiger Räumlichkeit, Kfz-Abstellplatz) ergibt sich auch der sogenannte Mindestanteil jedes Wohnungseigentümers. Soll bei bereits bestehendem Wohnungseigentum eine Änderung

vorgenommen werden, z.B. wegen eines nachträglichen Dachgeschoßausbaues, so ist entweder eine einvernehmliche Neufestsetzung der Nutzwerte aufgrund eines Gutachtens oder eine Gerichtsentscheidung über die zu ändernden Nutzwerte notwendig.
- Der Wohnungseigentumsvertrag zwischen allen Miteigentümern der Liegenschaft oder eine gerichtliche Entscheidung über die Wohnungseigentumsbegründung.

Näheres zu den einzelnen Schritten finden Sie auf den folgenden Seiten. Auch für den Wohnungseigentumsvertrag brauchen Sie nicht zwingend einen Rechtsanwalt oder Notar. Nur die Unterschriften der Miteigentümer im Vertrag müssen notariell oder gerichtlich beglaubigt sein. Empfehlenswert ist es trotzdem, einen Anwalt oder Notar mit der Vertragserrichtung zu beauftragen. Er stellt dann auch den Antrag auf Verbücherung des Wohnungseigentums an das Grundbuch. Der Grundbuchführer prüft die eingereichten Unterlagen auf ihre Vollständigkeit und Richtigkeit und veranlasst dann die Eintragungen im Grundbuch.

Einen Vertrag können Sie auch ohne Anwalt oder Notar aufsetzen

Je Wohnungseigentümer wird der Mindestanteil als ideeller Liegenschaftsanteil eingetragen und es wird angemerkt, dass mit diesem Anteil das Wohnungseigentum an einem bestimmten Objekt verbunden ist. Bei einem gemeinsamen Wohnungseigentum von Eigentümerpartnern werden die beiden Anteile getrennt verzeichnet – mit einem Hinweis auf die Verbindung.

In der Aufschrift des Gutsbestandsblattes (A-Blatt der Grundbuchseinlage) der jeweiligen Liegenschaft wird das Wort „Wohnungseigentum" eingetragen. Hier kann auch der bestellte Hausverwalter eingetragen werden. Im Lastenblatt (C-Blatt der Grundbuchseinlage) werden allfällige Sondervereinbarungen eingetragen, die im Wohnungseigentumsvertrag getroffen wurden. Dazu gehören abweichende Kostenaufteilungsschlüssel und abweichende Abrechnungs- und Abstimmungseinheiten (► Seite 152) sowie Benützungsregelungen über Gemeinschaftsanlagen (► Seite 135).

Ermittlung von Nutzwert und Mindestanteil

Parifizierung und Nutzwertermittlung bedeuten dasselbe

Im Rahmen der Nutzwertermittlung werden alle Wohnungen und sonstigen selbstständigen Räumlichkeiten eines Hauses bewertet. Sollen die Kfz-Abstellplätze nicht im gemeinsamen Eigentum bleiben, sondern als eigene Objekte verkauft werden, muss auch für diese ein Nutzwert festgesetzt werden. Für die Nutzwertermittlung wird oft auch noch der

Wie der Nutzwert ermittelt wird

Auf einer Liegenschaft befindet sich ein Haus mit drei Wohnungen und einem Geschäftslokal. Die Wohnungen haben dieselbe Ausstattung, jedoch ist eine straßenseitig, die anderen sind gartenseitig orientiert. Für das Geschäft wird ein 30-Prozent-Zuschlag berechnet, für die gartenseitige Wohnung sind es fünf Prozent.

Wohnungs-eigentumsobjekt	Nutzfläche in m^2		Faktor für Zuschläge/ Abstriche		Ergebnis	Nutzwert in gerundeten Zahlen
Geschäft	250	x	1,3	=	325,0	325
Whg. 1 (straßens.)	110	x	1,0	=	110,0	110
Whg. 2 (gartens.)	70	x	1,05	=	73,5	74
Whg. 3 (gartens.)	65	x	1,05	=	68,25	68
Summe	**495**					**577**

Die Gegenüberstellung zeigt, dass bei einer Gesamtnutzfläche aller vier Objekte von 495 Quadratmetern die Summe der Nutzwerte aller Objekte 577 beträgt. Die festgestellten Nutzwerte geben gleichzeitig die Eigentumsverhältnisse an dieser Liegenschaft wieder: Der Mindestanteil ist der ideelle Miteigentumsanteil an der Liegenschaft, den ein (künftiger) Wohnungseigentümer besitzen muss. Er ergibt sich aus dem Verhältnis des Nutzwertes seiner Wohnung zum Nutzwert aller Nutzungsobjekte. Damit muss der Eigentümer des Geschäftes 325/577-tel Anteile, jener der Wohnung 1 110/577-tel Anteile, jener der Wohnung 2 74/577-tel Anteile und jener der Wohnung 3 68/577-tel Anteile an der Gesamtliegenschaft besitzen.

Mindestanteil

Basis für die Berechnung des sogenannten Mindestanteils ist der Nutzwert. Wenn jemand 68/577-tel Anteile an einer Liegenschaft besitzt, steht im Zähler 68 für den Nutzwert des einzelnen Nutzungsobjekts und im Nenner 577 für die Summe aller Nutzwerte dieser Liegenschaft.

alte Begriff Parifizierung verwendet. Der Nutzwert eines Wohnungseigentumsobjektes ist jene Zahl, die für die Bestimmung des Miteigentumsanteiles der (künftigen) Wohnungseigentümer, genannt Mindestanteil, maßgebend ist. Als Grundlage der Nutzwerte werden die Nutzflächen der einzelnen Objekte herangezogen. Zur Nutzfläche, die als einfache Zahl übernommen wird, kommen Zuschläge und Abstriche für werterhöhende oder wertvermindernde Unterschiede zwischen den einzelnen Objekten eines Hauses. Folgende Kriterien sind bei der Ermittlung des Nutzwertes zu berücksichtigen:

Die Zweckbestimmung des Nutzungsobjektes. Ist die Räumlichkeit als Wohnung oder Geschäft bzw. als Büro gewidmet? Letztere erhalten einen Zuschlag.

Die Lage der Wohnung im Haus. In welchem Stockwerk liegt die Wohnung? Höhere Stockwerke ohne Lift bedeuten einen Abschlag, mit Lift einen Zuschlag. Ist die Wohnung straßen- oder hofseitig orientiert, hat sie Nord- oder Südlage?

Auf jeden Fall nachrechnen

Da das Nutzwertgutachten Basis der künftigen Eigentumsverhältnisse am Haus und damit auch der Stimmrechte wie der Kostenverteilung ist, sollten Sie es genau überprüfen. Sind allfällige Ausstattungsunterschiede der Wohnungen (Terrassen, Balkone, Hausgärten) richtig erfasst? Und schlussendlich: Wurde richtig gerechnet? Es ist unglaublich, welche Rechenfehler in diesen Gutachten manchmal enthalten sind.

Die Wohnungsausstattung und das Zubehör-Wohnungseigentum. Verfügt die Wohnung über Balkone oder Terrassen, ist mit ihr die Nutzung von Kellerräumen, Dachbodenräumen oder Hausgärten verbunden, so sind diese mit Zuschlägen zu berücksichtigen. Ebenso ist eine bessere Ausstattung oder Grundrissgestaltung einer Wohnung im Vergleich zu den anderen Wohnungen im Haus mit einem Zuschlag zu berücksichtigen.

Handelt es sich um eine Substandardwohnung, so ist für das Fehlen eines WCs und/oder einer Wasserentnahmestelle innerhalb der Wohnung ein entsprechender Abschlag vorzunehmen.

Alle Gebäudeteile, die bei der Nutzwertfestsetzung nicht gesondert berücksichtigt wurden, verbleiben im gemeinsamen Eigentum der Wohnungseigentümer. Dazu gehören das Stiegenhaus, die Hauseinfahrt usw. Werden Keller- und Dachbodenräumlichkeiten nicht als Wohnungseigentumszubehör gewidmet und bei der Nutzwertermittlung entsprechend bewertet, verbleiben sie ebenfalls im gemeinsamen Eigentum.

Kfz-Abstellplätze können als gemeinsame Anlagen der Liegenschaft oder als selbstständige WE-Objekte gewidmet werden.

Der Wohnungseigentumsvertrag

Der Wohnungseigentumsvertrag wird zwischen allen Miteigentümern einer Liegenschaft geschlossen. Damit wird den Miteigentümern (= die künftigen Wohnungseigentümer) das Recht zur ausschließlichen Nutzung und alleinigen Verfügung über eine bestimmte Wohnung, Geschäftsräumlichkeit oder einen bestimmten Kfz-Abstellplatz eingeräumt.

Damit jeder Wohnungseigentümer einen Miteigentumsanteil entsprechend dem Nutzwertgutachten erhält (Mindestanteil), müssen die bisherigen Miteigentumsanteile berichtigt werden.

Ob die notwendige Übertragung von Miteigentumsanteilen gegen ein angemessenes Entgelt oder unentgeltlich erfolgt, hängt von der vertraglichen Vereinbarung ab. Wurde vertraglich keine Vereinbarung getroffen, so ist für die Übertragung ein angemessenes Entgelt zu bezahlen.

Als **Beispiel für einen Wohnungseigentumsvertrag** dient die Liegenschaft, für die das Berechnungsbeispiel zum Nutzwert (► Seite 108) erstellt wurde. Sie steht bereits im Miteigentum von vier Personen, die die Objekte aufgrund einer Benützungsvereinbarung untereinander nutzen. Wegen der größeren Rechtssicherheit wollen sie jetzt Wohnungseigentum begründen. Die Berichtigung der Miteigentumsanteile erfolgt vereinbarungsgemäß unentgeltlich.

Vereinbarung zur Begründung von Wohnungseigentum, abgeschlossen zwischen den Miteigentümern der Liegenschaft EZ ..... der KG ....., mit der Grundstücksadresse Maiergasse 5.

1. Berichtigung der Anteile

Bisher besteht auf der Liegenschaft nur schlichtes Miteigentum. Nunmehr soll das Wohnungseigentumsrecht an den berichtigten Miteigentumsanteilen einverleibt werden. Aufgrund der Bescheinigung gemäß § 6 WEG und des Nutzwertgutachtens von Herrn Alfred Maier, Ziviltechniker, beide vom 12. Oktober 2010, ergibt sich ein Gesamtnutzwert der Liegenschaft von 577. Die Miteigentümer berichtigen nunmehr unentgeltlich ihre bisherigen Miteigentumsanteile gemäß nachstehender Tabelle:

Name, Geburtsdatum	**Objekt**	**bisherige Anteile**	**künftige Anteile (= Nutzwert)**
Max Mustermann, geb.	Erdgeschoß Geschäftslokal	56/100	325/577
Anna Stocker, geb.	1. Stock Wohnung 1	20/100	110/577
Wolfgang Bauer, geb.	Wohnung 2	12/100	74/577
Heinrich Müller, geb.	Wohnung 3	12/100	68/577

2. Wohnungseigentumsbegründung

Die Vertragspartner räumen einander unentgeltlich und wechselseitig das Recht auf ausschließliche Nutzung und alleinige Verfügung, somit das Wohnungseigentumsrecht gemäß § 2 WEG an den in der Tabelle näher bezeichneten Wohnungen und sonstigen selbstständigen Räumlichkeiten ein.

3. Aufsandungserklärung

Die Vertragspartner erteilen ihre Einwilligung, dass aufgrund dieses Vertrages folgende Eintragungen im Eigentumsblatt bewilligt werden: Die Berichtigung der Anteile erfolgt in der Weise, dass den in Tabellenspalte 1 genannten Miteigentümern die in Tabellenspalte 4 ersichtlichen Miteigentumsanteile zukommen. Weiters wird mit den berichtigten Anteilen das Wohnungseigentum an der aus Tabellenspalte 3 ersichtlichen Wohnung bzw. sonstigen selbstständigen Räumlichkeit verbunden.

Zusätzliche Vereinbarungen

Neben diesem Mindestinhalt des Wohnungseigentumsvertrages werden in vielen Fällen aber auch weitere wichtige Vereinbarungen getroffen. Sie bedürfen jeweils der Einstimmigkeit; das heißt, alle Miteigentümer müssen zustimmen und können folgende Punkte betreffen:

Für einen Wohnungseigentumsvertrag ist ein Mindestinhalt vorgesehen

- eine Vereinbarung über die Aufteilung der Kosten der Hausbewirtschaftung, der Reparaturarbeiten usw. und die Höhe der laufenden Rücklage
- eine Vereinbarung über abweichende Abrechnungs- und Abstimmungseinheiten
- eine Benützungsregelung für allgemeine Teile und Anlagen der Liegenschaft, z.B. über Garagen oder Kfz-Abstellplätze, die im gemeinsamen Eigentum aller Miteigentümer bleiben

Im Wohnungseigentumsvertrag wird häufig auch eine Person als Verwalter für das Haus bestellt. Unter Umständen werden auch bestimmte Rechte und Pflichten des Hausverwalters (► Seite 143) vereinbart. Die Verwalterbestellung muss aber nicht im Wohnungseigentumsvertrag erfolgen.

Wurde Ihnen bei Abschluss des Kauf- oder Anwartschaftsvertrages ein verbindlicher Entwurf für den künftigen Wohnungseigentumsvertrag übergeben, sind Sie und andere WE-Bewerber daran gebunden. Nur wenn Einigkeit besteht, Punkte anders regeln zu wollen, können Änderungen vorgenommen werden.

Anders sieht es aus, wenn kein Entwurf für einen Wohnungseigentumsvertrag übergeben wurde. In diesem Fall sind Sie nur an den Mindestinhalt des Vertrages gebunden. Weiteren Vereinbarungen, z.B. einer für Sie nachteiligen Kostenaufteilung, brauchen Sie nicht zuzustimmen.

Bei geförderten Neubauwohnungen werden Kauf- und Wohnungseigentumsvertrag oft gemeinsam in einer Vertragsurkunde erstellt. Nach dem Abschluss des Anwartschaftsvertrages haben die künftigen Wohnungseigentümer zunächst nur die Rechtsstellung eines WE-Bewerbers. Erst mit Abschluss des gemeinsamen Vertrages erwerben sie einen ideellen Miteigentumsanteil und das Wohnungseigentum an einer bestimmten Wohnung.

Einfach regeln

Achten Sie auf eine klare Regelung für die Kostenverteilung, insbesondere betreffend Erhaltungsarbeiten. Soll diese nach Nutzflächen oder nach Nutzwerten erfolgen? Abzuraten ist von der Formulierung „nach mietrechtlichen Grundsätzen". Diese Regelungen sind sehr kompliziert und führen im Regelfall nur zu späteren Streitigkeiten zwischen den Wohnungseigentümern.

Viele Bauträger behaupten, dieser gemeinsame Kauf- und Wohnungseigentumsvertrag könne erst nach Vorliegen der Endabrechnung über das Bauvorhaben und damit Jahre nach Erstbezug erstellt werden. Das ist nicht richtig! Jeder WE-Bewerber hat gegen den WE-Organisator einen klagbaren Anspruch auf die Vorbereitung des Wohnungseigentumsvertrages unverzüglich nach Baufertigstellung – und nicht erst nach der Bauendabrechnung.

Ein weiterer wichtiger Punkt des Wohnungseigentumsvertrages über Eigentumswohnungen im Althaus ist die Frage der Kostenverteilung. In welchem Verhältnis haben Wohnungseigentümer künftig für die Bewirtschaftungskosten des Hauses aufzukommen? Das WEG trifft nur für die Verteilung der Betriebskosten eine klare Regelung. Solange ein Altmietverhältnis aufrecht ist, sind Betriebskosten nach dem bisherigen Verteilungsschlüssel auch für die Wohnungseigentümer zu verrechnen. Das bedeutet im Regelfall die Aufteilung nach Nutzflächen.

Für die Verteilung der Kosten von Erhaltungsarbeiten gilt zwar grundsätzlich die Kostenverteilung nach Nutzwerten, es kann aber einstimmig ein anderer Verteilungsschlüssel vereinbart werden. Eine dafür häufig verwendete Formulierung lautet: nach mietrechtlichen Grundsätzen.

Wer die Kosten von Erhaltungsarbeiten trägt, ist aber im Mietrecht sehr kompliziert geregelt. Das kann nicht einfach auf Wohnungseigentümer übertragen werden!

Gerichtliche Entscheidungen

Nur in drei Fällen ersetzt eine gerichtliche Entscheidung über die Wohnungseigentumsbegründung den sonst erforderlichen Wohnungseigentumsvertrag zwischen den Miteigentümern:

Verfahren zur Aufhebung der Miteigentumsgemeinschaft, wenn noch kein WE an einer Liegenschaft begründet ist. In diesem Verfahren, das mit einer sogenannten Teilungsklage eines oder mehrerer Miteigentümer eingeleitet wird, können die Kläger wie die Beklagten die Wohnungseigentumsbegründung begehren. Anstelle der Aufhebung der Miteigentumsgemeinschaft mit anschließender Versteigerung der gesamten Liegenschaft wird in diesem Fall über Richterspruch die Wohnungseigentumsbegründung verfügt. Hinweis: Die Wohnungseigentumsbegründung muss immer an sämtlichen wohnungseigentumstauglichen Objekten erfolgen. Derartige Teilungsklagen zwischen den einzelnen Miteigentümern sind im Bereich des Wohnungseigentums ausgeschlossen.

Die Begründung von Wohnungseigentum kann auch durch einen Richterspruch erfolgen

Verfahren zur Aufteilung des ehelichen Vermögens. Auch bei der Vermögensaufteilung nach einer Scheidung besteht die Möglichkeit zur Wohnungseigentumsbegründung durch Richterspruch. Voraussetzung ist, dass das Gebäude über zumindest zwei wohnungseigentumsfähige Objekte verfügt.

Klage auf Einverleibung des Eigentumsrechtes. Das Nichthandeln (Säumigkeit) des WE-Organisators berechtigt jeden WE-Bewerber zur Klage auf Einverleibung des Eigentumsrechtes und des Wohnungseigentums. Der WE-Bewerber muss den WE-Organisator zunächst mahnen und kann bei weiterer Säumigkeit die Klage einbringen. Bereits die Klage kann im Grundbuch angemerkt werden und sichert dem Wohnungseigentumsbewerber die Verbücherung seines Eigentumsrechtes im Rang der Anmerkung, wenn seiner Klage stattgegeben wird.

Nutzung und Verwaltung

Foto: Wodicka

Als Wohnungseigentümer haben Sie viele Rechte, aber auch jede Menge Pflichten.

Rechte und Pflichten von Wohnungseigentümern

Im folgenden Abschnitt finden Sie die wichtigsten Bestimmungen und Regeln des WEG über die Nutzung der Wohnung und die Verwaltung eines Gebäudes. Diese Bestimmungen kommen ab der tatsächlichen WE-Begründung zur Anwendung. In der Gründungsphase des Wohnungseigentums sind die Bestimmungen auch für jene WE-Bewerber anzuwenden, die bereits Miteigentum erworben haben. Für die übrigen WE-Bewerber gelten sie erst dann, wenn der Miteigentumsanteil zumindest eines WE-Bewerbers bereits im Grundbuch eingetragen ist und die künftigen Miteigentumsanteile der anderen WE-Bewerber (durch das Nutzwertgutachten) feststehen (► Seite 108). Der im Folgenden verwendete Begriff Wohnungseigentümer bezieht sich daher auch immer auf diesen weiteren Personenkreis.

Benutzen, erhalten, verändern

Wenn Sie eine geförderte Wohnung vermieten, verlieren Sie die Wohnbauförderung

Als Wohnungseigentümer haben Sie über Ihre Eigentumswohnung ein besonderes Verfügungsrecht. Sie können sie selbst bewohnen, vermieten oder leer stehen lassen. Achtung: Bei geförderten Wohnungen führt eine Vermietung zum Verlust der Wohnbauförderung!

Der Gebrauch der Wohnung hat so zu erfolgen, dass die anderen Miteigentümer nicht gestört werden. Es gilt die Hausordnung. Bei Vermietung der Wohnung haften Sie auch für das Verhalten Ihrer Mieter. Sie müssen dafür sorgen, dass diese z.B. nicht gegen die Regeln der Hausordnung verstoßen. Bei schweren Verstößen gegen Ihre Pflichten können Sie als Wohnungseigentümer auch aus der Gemeinschaft ausgeschlossen werden.

Als Wohnungseigentümer haben Sie auch besondere Erhaltungspflichten. Sie müssen die Wohnung samt den zugehörigen Einrichtungen, im Besonderen den Gas-, Wasser- und Lichtleitungen, so warten und instand halten, dass den anderen Wohnungseigentümern daraus kein Nachteil erwächst.

Tageweise Vermietung (an Touristen)

Manche Wohnungseigentümer haben erkannt, dass neben der mehrjährigen Vermietung einer Wohnung auch die tageweise Vermietung ein lukratives Geschäft sein kann. Über verschiedene Buchungsplattformen werden dabei einzelne Wohnungen in einem Mehrparteienhaus als Ferienappartements tageweise an Touristen vermietet. Die anderen Wohnungseigentümer und Bewohner eines derartigen Hauses werden dadurch mit ständig wechselnden hausfremden Personen konfrontiert. Der Oberste Gerichtshof hat dazu in einigen Verfahren entschieden, dass eine derartige kurzfristige (regelmäßige) Vermietung einer Wohnung der Zustimmung der anderen Wohnungseigentümer bedarf. Es handle sich de facto um eine Umwidmung, weil die Widmung „Wohnzwecke" im Wohnungseigentumsvertrag eine tageweise Vermietung an Touristen nicht umfasst. Erfolgt eine derartige Vermietung ohne Zustimmung der anderen, kann jeder Wohnungseigentümer des Hauses mit Klage gegen den vermietenden Wohnungseigentümer vorgehen.

Sind Arbeiten an den allgemeinen Hausteilen oder zur Behebung ernster Schäden notwendig, so sind diese von der Eigentümergemeinschaft durchzuführen. Hier kann es notwendig sein, dass Sie das Betreten Ihrer Wohnung durch Handwerker dulden müssen, zum Beispiel bei einem Fenstertausch oder zur Behebung eines Wasserleitungsgebrechens.

Zur Behebung von Schäden, die die (Bau-)Substanz des Hauses gefährden, ist hingegen die Eigentümergemeinschaft auch dann verpflichtet, wenn das Gebrechen in einer Wohnung vorliegt. Dazu gehören:

Bei Schäden an der Substanz des Hauses müssen alle Eigentümer mitzahlen

- Feuchtigkeitsschäden an Wänden, Decken oder Fußböden durch Wasserleitungsgebrechen oder schadhafte Dächer
- Schäden am Kaminschacht, wenn Rauchgas austritt oder nicht mehr geheizt werden kann
- Schäden an Elektro-, Gas- und Wasserleitungen, wenn Feuer-, Explosions- oder Wasserschäden drohen
- Schäden an Zu- und Abflussleitungen im Mauerwerk: Die Schadensbehebung umfasst immer sämtliche Arbeiten, die damit in Zusammenhang stehen, z.B. Verputzarbeiten, Wiederherstellung der Malerei, Schuttabfuhr usw.

Änderungen im WE-Objekt und an allgemeinen Hausteilen

Bauliche Veränderungen im Inneren Ihrer Wohnung können Sie im Regelfall ohne Zustimmung der anderen Wohnungseigentümer vornehmen, außer Sie wollen z.B. eine tragende Zwischenwand entfernen. Hingegen bedürfen Widmungsänderungen, etwa Büro statt Wohnung, und Änderungen unter Inanspruchnahme allgemeiner Hausteile, z.B. Markisen bei den Außenfenstern oder Leitungsführungen für eine Satelliten-TV Anlage, immer der Zustimmung aller anderen Miteigentümer. Der Verwalter kann die Zustimmung der anderen Eigentümer nicht ersetzen!

Ob Ihre Miteigentümer zustimmen müssen, hängt immer vom Umfang der geplanten Änderung ab. Es darf keine Schädigung des Hauses zu erwarten sein, und die Wohnungseigentümer dürfen in ihren schutzwürdigen Interessen nicht beeinträchtigt werden. Selbstverständlich müssen Sie in allen Fällen auch die Kosten der von Ihnen geplanten Änderungen selber tragen.

In Zukunft zu tragende Kosten

Erfolgen Änderungen an den allgemeinen Teilen des Hauses, z.B. Anbringung einer Markise an der Außenfassade, müssen Sie später auch allfällige Mehrkosten, die wegen dieser Einrichtung entstehen, tragen. Soll die Fassade neu gestrichen oder eine Wärmedämmung angebracht werden, entstehen durch die Demontage und anschließende Wiedermontage der Markise Mehrkosten, die in diesem Fall von Ihnen zu tragen sind.

Werden für eine Änderung auch allgemeine Teile des Hauses in Anspruch genommen, muss die Änderung zusätzlich entweder der Übung des Verkehrs entsprechen oder einem wichtigen Interesse des Wohnungseigentümers dienen.

Mit der letzten Gesetzesnovelle zum Wohnungseigentumsgesetz, Inkrafttreten zum 1. Jänner 2022, erfolgten bedeutende Neuerungen beim Änderungsrecht eines Wohnungseigentümers.

Das „wichtige Interesse" eines Wohnungseigentümers ist für folgende Änderungen jetzt gesetzlich angeordnet worden und darf aus diesem

Grund die Zustimmung anderer Wohnungseigentümer nicht verweigert werden. Es handelt sich um folgende „privilegierten" Änderungen:

- Einbau einer Wasserentnahmestelle oder eines Klosetts ins Innere des Wohnungseigentumsobjektes;
- Errichtung bzw. Umgestaltung von Strom-, Gas-, Wasser-, Fernsprechleitungen, Beheizungsanlagen und ähnliche Einrichtungen;
- Barrierefreie Ausgestaltung des Wohnungseigentumsobjektes und/oder von allgemeinen Teilen der Liegenschaft, z.B. Treppenlift, rollstuhltaugliche Rampe oder Markierungen, die sehbehinderten Menschen die Orientierung erleichtern;
- Anbringung einer Vorrichtung zum Langsamladen eines elektrisch betriebenen Kraftfahrzeuges am eigenen Kfz-Abstellplatz im Wohnungseigentum (im WE-Zubehör);
- Nach dem Stand der Technik notwendige Einrichtungen für den Rundfunkempfang und den Empfang digitaler Dienstleistungen (z.B. Musik, Video, Fernsehen etc.), wenn der Anschluss an eine bestehende Einrichtung nicht möglich oder nicht zumutbar ist.

Ladestationen für Elektrofahrzeuge

Die neuen Bestimmungen im Wohnungseigentumsgesetz, mit denen die Herstellung eines Anschlusses zum Aufladen von elektrisch betriebenen Fahrzeugen in der Garage bzw. auf einem Kfz-Abstellplatz erleichtert worden sind, wurden in den Medien oft als die „Rettung" der Elektromobilität dargestellt. Tatsächlich sind sie aber nur dort anwendbar, wo der Garagen- bzw. Kfz-Abstellplatz entweder ein eigenes Wohnungseigentumsobjekt ist oder im Wohnungseigentumszubehör steht. Wurde ein Kfz-Abstellplatz dagegen von der Eigentümergemeinschaft gemietet, gelten die neuen Bestimmungen für diesen gemieteten Abstellplatz nicht.

Eine der Probleme in Zusammenhang mit der Errichtung von Ladestationen für Elektrofahrzeuge ergibt sich aus der Kapazität des elektrischen Anschlusses für die gesamte Liegenschaft. Im Regelfall können eine oder zwei Langsamladestationen problemlos zusätzlich zu den bestehenden Verbrauchern angeschlossen werden. Sobald es aber mehr Interessenten gibt, ist im Regelfall eine Gemeinschaftsanlage mit einem eigenen Lastmanagementsystem zu bevorzugen. Damit kann die Versorgung mehrerer Fahrzeuge optimal gesteuert und wird die Kapazitätsgrenze für das gesamte Gebäude trotzdem nicht so rasch überschritten.

Für den Fall, dass neben bestehenden Einzelladestationen im Gebäude eine neue Gemeinschaftsanlage errichtet werden soll, hat der Gesetzgeber vorgesehen, dass die weitere Nutzung der Einzelladestationen durch Mehrheitsbeschluss untersagt werden kann, wenn dadurch die elektrische Versorgung der Liegenschaft besser gesichert wird. Damit ein Wohnungseigentümer, der erst vor Kurzem in eine Einzelladestation investiert hat, nicht um seine Investition umfällt, darf er während eines fünfjährigen Zeitraumes ab Inbetriebnahme seiner Einzelladestation jedenfalls nicht zu deren Stilllegung verpflichtet werden.

Planen Sie eine Änderung, bei der Sie auch allgemeine Teile des Hauses in Anspruch nehmen müssen, z.B. Leitungsführung durch das Stiegenhaus oder den Installationsschacht, brauchen Sie immer die Zustimmung aller Miteigentümer. Bei Fehlen einer oder mehrerer Zustimmungen besteht die Möglichkeit, die fehlende Zustimmung vom Bezirksgericht ersetzen zu lassen. Dies ist jedoch ein komplizierter Weg, viele Wohnungseigentümer scheuen den Gang zum Bezirksgericht, der ja im Regelfall auch mit Kosten verbunden ist.

Hier hat die Novelle zum Wohnungseigentumsgesetz ab dem 1. Jänner 2022 ebenfalls eine wichtige Vereinfachung gebracht. Für bestimmte Änderungen genügt es in Zukunft, die anderen Wohnungseigentümer mit einem Schreiben, in dem die geplanten Arbeiten klar und verständlich beschrieben werden, zu verständigen. In diesem Schreiben muss ausdrücklich darauf hingewiesen werden, dass bei Nichtzustimmung binnen zwei Monaten ein Widerspruch wegen der geplanten Änderungen erhoben werden muss, widrigenfalls die Zustimmung als erteilt gilt. Dieser Widerspruch ist schriftlich oder in dauerhaft speicherbarer elektronischer Form an den änderungswilligen Wohnungseigentümer zu übermitteln.

Damit Sie die anderen Wohnungseigentümer von der geplanten Veränderung richtig verständigen können, benötigen Sie deren aktuelle Zustellanschriften bzw. bei gewünschter elektronischer Zustellung deren E-mail-Adressen. Diese Daten liegen nur beim Verwalter auf. Aus diesem Grund wurden mit der Gesetzesnovelle auch die Pflichten des Verwalters erweitert. Benötigen Sie zur Verständigung der anderen Wohnungseigentümer deren aktuelle (E-mail-) Adressen, muss Ihnen der Verwalter diese zur Verfügung stellen.

Wird von den anderen Wohnungseigentümern innerhalb der Frist kein Widerspruch erhoben, können Sie mit den Arbeiten beginnen, ohne Gefahr zu laufen, gleich mit einer Unterlassungsklage konfrontiert zu werden. Nur eine wesentliche und dauernde Beeinträchtigung muss ein Wohnungseigentümer auch dann nicht dulden, wenn er bei der Befragung keinen Widerspruch erhoben hat.

Wurde von einem oder mehreren Wohnungseigentümern gegen die von Ihnen geplanten Änderungen ein Widerspruch erhoben, steht Ihnen weiterhin der Rechtsweg offen. Mit Antrag an das Bezirksgericht können Sie die Zustimmung der anderen Wohnungseigentümer durch das Gericht ersetzen lassen.

Planen Sie eine der folgenden Maßnahmen, können Sie zur Bewilligung durch die anderen Wohnungseigentümer diese neue Form der „Zustimmungsfiktion" in Anspruch nehmen:

- Barrierefreie Ausgestaltung der Eigentumswohnung oder von allgemeinen Teilen des Hauses;
- Anbringung einer Vorrichtung zum Langsamladen eines elektrisch betriebenen Fahrzeuges am eigenen Kfz-Abstellplatz (entweder im Wohnungseigentum oder im Wohnungseigentumszubehör);
- Anbringung einer Solaranlage an einem als Reihenhaus oder Einzelgebäude errichteten Wohnungseigentumsobjekt;
- Anbringung einer von sich in das Erscheinungsbild des Hauses harmonisch einfügenden Vorrichtung zur Beschattung eines Wohnungseigentumsobjektes;
- Einbau einer einbruchsicheren Wohnungseingangstüre.

Für die Nutzung der gemeinsamen Teile eines Hauses wie z.B. Waschküche oder Hobbyraum müssen die Wohnungseigentümer eine Regelung treffen. Dies geschieht entweder im Rahmen der Hausordnung, durch gesonderte formlose Vereinbarung oder durch eine schriftliche Benützungsregelung. Die häufigsten Streitpunkte sind Kfz-Abstellplätze, die im gemeinsamen Eigentum aller stehen. Einer Vermietung derselben an

„Langsamladen" – Genehmigung mittels der neuen „Zustimmungsfiktion"

Sie sind Wohnungseigentümer einer Wohnung im 3. Stock und eines Kfz-Abstellplatzes im Keller desselben Hauses. Insgesamt gibt es zwanzig Eigentumswohnungen und zwanzig Kfz-Abstellplätze im Wohnungseigentum auf dieser Liegenschaft. Einige der anderen WE-Objekte sind vermietet und Sie kennen deren Besitzer gar nicht.

Vor kurzem haben Sie sich ein Elektroauto angeschafft und wollen dessen Batterien während der Nachtstunden auf Ihrem Parkplatz aufladen. Sie brauchen dafür (vereinfacht ausgedrückt) eine Steckdose. Am kostengünstigsten ist eine Verbindung mit der Elektroanlage Ihrer Wohnung, damit der verbrauchte Strom auch über Ihren Stromzähler abgerechnet wird. Ansonsten würden Sie im Keller einen zweiten Stromzähler nur für den Kfz-Abstellplatz benötigen.

Von Ihrer Wohnung könnten Sie einfach eine Stromleitung über den Installationsschacht in den Keller und von dort direkt zu Ihrem Kfz-Abstellplatz legen lassen. Hier montiert Ihr Elektroinstallateur dann eine geeignete Stromentnahmestelle. Diese sollte auch versperrbar sein, damit nicht die Nachbarn untertags von dort Strom „abzapfen" können. Das Stromkabel führt im Installationsschacht und im Keller bis zu Ihrem Abstellplatz jedoch über allgemeine Teile der Liegenschaft. Für diese Installation an allgemeinen Teilen der Liegenschaft benötigen Sie die Zustimmung aller anderen Wohnungseigentümer. Durch diese Maßnahme werden die anderen Wohnungseigentümer im Regelfall gar nicht beeinträchtigt sein (können), trotzdem müssen Sie deren Zustimmung einholen, um nicht später mit einer Klage konfrontiert zu sein.

Sie geben dem Verwalter bekannt, dass Sie für die Verständigung der anderen Wohnungseigentümer von der beabsichtigten Veränderung die Kontaktdaten der anderen Wohnungseigentümer benötigen. Der Verwalter muss Ihnen diese Daten binnen angemessener Frist übermitteln. In der schriftlichen Verständigung der anderen Wohnungseigentümer werden Sie die von Ihnen geplante Änderung klar und verständlich beschreiben, am Besten mit einer Skizze über die Leitungsführung. Natürlich kann auch Ihr Elektroinstallateur die geplante Änderung fachmännisch beschreiben.

Sie müssen in dieser Verständigung noch darauf hinweisen, dass jeder Wohnungseigentümer die Möglichkeit hat, binnen zwei Monaten Widerspruch zu erheben. Weiters, dass bei Unterbleiben eines Widerspruches die geplante Änderung als genehmigt gilt.

Hinweis für die Praxis. Bei Eigentümerpartnern sind immer beide Partner zu verständigen. Besteht an einem Wohnungseigentumsobjekt ein Fruchtgenuss, so ist der Fruchtnießer zu verständigen.

Erhalten Sie binnen der zweimonatigen Frist keinen Widerspruch eines anderen Wohnungseigentümers, können Sie die Stromleitung verlegen und die Stromentnahmestelle bei Ihrem KfZ-Abstellplatz installieren lassen. Wird hingegen von einem Wohnungseigentümer ein Widerspruch erhoben, gilt die „Zustimmungsfiktion" nicht mehr. In diesem Fall müssen Sie vor Durchführung die Zustimmung des Außerstreitrichters zur geplanten Änderung einholen. Da für die Errichtung einer Langsamladestation das wichtige Interesse eines Wohnungseigentümers ausdrücklich im Wohnungseigentumsgesetz normiert wird, ist ein positiver Abschluss des Gerichtsverfahrens zu erwarten.

Nutzwertänderung erforderlich

Bei größeren baulichen Veränderungen (etwa der Einbeziehung eines bisherigen Gangteiles in den Wohnungsverband) oder Widmungsänderungen (Büro statt Wohnung) können auch die Voraussetzungen für eine neue Nutzwertfestsetzung gegeben sein. Dies wird jedenfalls immer dann der Fall sein, wenn die Nutzfläche eines WE-Objektes verändert wird. Kommt es zwischen den Miteigentümern zu keiner Einigung über die Ergebnisse des neuen Nutzwertgutachtens, kann jeder Wohnungseigentümer ein Verfahren zur Festsetzung der Nutzwerte einleiten. In diesem Fall muss das Bezirksgericht über die neuen Nutzwerte entscheiden. Nach Vorliegen des neuen Nutzwertgutachtens bzw. der gerichtlichen Entscheidung müssen die Wohnungseigentümer ihre Liegenschaftsanteile entsprechend berichtigen, damit jeder den neu erforderlichen Mindestanteil besitzt. Diese Berichtigung erfolgt in den meisten Fällen im Rahmen eines Zusatzvertrages zum bereits bestehenden Wohnungseigentumsvertrag. Erst mit der Verbücherung dieses Zusatzvertrages kommt es zur tatsächlichen Berichtigung der Miteigentumsanteile. Mangels anderer Vereinbarung sind auch die Kosten von Erhaltungsarbeiten erst ab diesem Zeitpunkt nach den neuen Miteigentumsanteilen aufzuteilen.

einzelne Miteigentümer müssen alle anderen zustimmen. Gibt es weniger Abstellplätze als Interessenten, kommt es daher fast nie zu den erforderlichen einstimmigen Beschlüssen.

Für den Fall einer Nichteinigung kann jeder Miteigentümer beim Bezirksgericht eine gerichtliche Benützungsregelung über gemeinsame Teile der Liegenschaft beantragen. Bis zu einer derartigen Entscheidung können die Wohnungseigentümer mit einer Mehrheit von zwei Dritteln der Anteile eine vorläufige Benützungsregelung beschließen. Die Benützungsregelungen binden spätere Eigentümer auch dann, wenn sie nicht im Grundbuch eingetragen sind.

Ausschluss eines Wohnungseigentümers

Aus besonders wichtigen Gründen kann ein Wohnungseigentümer auch aus der Eigentümergemeinschaft ausgeschlossen werden:

- Nichterfüllung seiner Verpflichtungen, insbesondere Nichtbezahlung der von der Hausverwaltung zulässigerweise vorgeschriebenen Beträge
- nachteiliger Gebrauch der Wohnung bzw. der allgemeinen Hausteile
- unleidliches Verhalten gegenüber anderen Hausbewohnern oder Miteigentümern

Diese Gründe sind den Kündigungsgründen bei Mietverhältnissen nachgebildet. Es kann daher die dazu ergangene Rechtsprechung herangezogen werden. Die Ausschlussklage kann von der Mehrheit der Wohnungseigentümer eingebracht werden.

Ein Wohnungseigentümer kann aus der Eigentümergemeinschaft ausgeschlossen werden

Findet sich zunächst keine Mehrheit unter den Wohnungseigentümern für eine Klagsführung, so kann ein einzelner beeinträchtigter Wohnungseigentümer den Störenden zunächst nur auf Unterlassung des schädigenden Verhaltens klagen. Wird der Klage stattgegeben und setzt der Wohnungseigentümer sein störendes Verhalten trotzdem fort, steht auch dem einzelnen Wohnungseigentümer ein selbstständiges Klagerecht gegen den Störenden zu.

Wird der Klage auf Ausschluss eines Wohnungseigentümers stattgegeben, so wird der Miteigentumsanteil samt dem verbundenen Wohnungseigentum versteigert. Der Versteigerungserlös gebührt dem ehemaligen Wohnungseigentümer. Bestehen offene Forderungen der Eigentümergemeinschaft, sind zunächst diese abzudecken.

Die Eigentümergemeinschaft

Die Verwaltung einer Liegenschaft wird (im Idealfall) von den Miteigentümern gemeinsam besorgt. Alle Wohnungseigentümer bilden dazu die Eigentümergemeinschaft, die als eigene juristische Person definiert ist. Sie kann Rechte erwerben, Verbindlichkeiten eingehen, klagen und geklagt werden. Die einzelnen Wohnungseigentümer können auch individuelle Unterlassungsansprüche und die Liegenschaft betreffende Gewährleistungs- und Schadenersatzansprüche an die Eigentümergemeinschaft abtreten. Nimmt die Gemeinschaft diese Abtretung an, muss sie Ansprüche dann im eigenen Namen geltend machen.

Was tun bei Interessenkollision?

Die Eigentümergemeinschaft kann auch gut ohne einen Eigentümervertreter auskommen (welcher aus ihrem Kreis zu bestellen wäre). Sinn macht eine Bestellung jedenfalls dann, wenn es zwischen dem Verwalter und der Gemeinschaft zu einer Interessenkollision kommt. In so einem (Kollisions-) Fall ist es dann der Eigentümervertreter, der die Eigentümergemeinschaft gegenüber dem Verwalter und nach außen, also gegenüber Dritten, rechtswirksam vertreten darf.

Die Eigentümergemeinschaft hat jedoch eine beschränkte Rechtspersönlichkeit, da sie nur in Angelegenheiten der Verwaltung der Liegenschaft tätig werden kann. Um die gesetzlich vorgesehenen Regeln für die Beschlussfassung überhaupt anwenden zu können, bedarf es immer der aktiven Mitarbeit vieler Wohnungseigentümer.

Die Eigentümergemeinschaft wird bei Bestellung eines (vorläufigen) Verwalters von diesem vertreten. Nur in Fragen des rechtlichen Verhältnisses zwischen Verwalter und Eigentümergemeinschaft wird sie von der Mehrheit der Wohnungseigentümer (berechnet nach Miteigentumsanteilen!) vertreten. Ist ein Eigentümervertreter gemäß § 22 WEG bestellt worden, dann vertritt ausschließlich dieser die Gemeinschaft in dem von der Interessenkollision betroffenen Geschäftsbereich. Nur wenn kein (vorläufiger) Verwalter bestellt ist, wird die Eigentümergemeinschaft immer von der Mehrheit der Wohnungseigentümer (berechnet nach Miteigentumsanteilen!) vertreten.

Beschlussfassung

Um innerhalb der Eigentümergemeinschaft Entscheidungen treffen zu können, müssen Beschlüsse gefasst werden. Unabdingbare Voraussetzung für das Zustandekommen eines gültigen Beschlusses ist, dass alle Miteigentümer von der geplanten Beschlussfassung zunächst verständigt werden und ihnen die Möglichkeit zur Stellungnahme und Äußerung eingeräumt wird.

Vor einer Beschlussfassung müssen alle Miteigentümer verständigt werden

Jedem Wohnungseigentümer ist eine Verständigung von der beabsichtigten Beschlussfassung an die Adresse seiner Eigentumswohnung zu übersenden. Der Wohnungseigentümer kann jedoch wahlweise auch eine andere inländische Anschrift bekannt geben. Dann ist dort zuzustellen.

Wohnt er überhaupt nicht im betreffenden Gebäude, muss er eine andere Zustellanschrift im Inland bekannt geben. Einladungen zu Hausversammlungen sind sowohl jedem Wohnungseigentümer durch Übersendung als auch durch Hausanschlag bekannt zu geben. Anstelle der Zustellung durch die Post kann jeder Wohnungseigentümer die Übermittlung aller Verständigungen durch den Verwalter auf elektronischem Weg (per E-Mail) verlangen.

Sollen Beschlüsse im Rahmen einer Hausversammlung gefällt werden, müssen auf der Einladung dazu die entscheidenden Fragen möglichst detailliert angegeben werden. So genügt es etwa nicht, als Tagesordnungspunkt nur das Stichwort „Reparaturarbeiten" anzuführen, wenn zu notwendigen Arbeiten bereits Kostenvoranschläge eingeholt wurden und die Gemeinschaft entscheiden soll, welcher Handwerker beauftragt wird. In diesem Fall sind zumindest die Unterschiede in den einzelnen Kostenvoranschlägen bereits in der Einladung anzugeben. Zu einer Hausversammlung kann einerseits der bestellte Verwalter, andererseits aber auch jeder Wohnungseigentümer einladen.

Nicht die Anzahl der Köpfe, sondern die Miteigentumsanteile sind bei Abstimmungen entscheidend

Der Beschluss selbst wird nach vorheriger Besprechung auf der Hausversammlung durch Abstimmung gefasst. Dabei wird nicht nach Köpfen abgestimmt, sondern nach Miteigentumsanteilen der einzelnen Wohnungseigentümer: Je höher der Anteil eines Wohnungseigentümers an der Liegenschaft ist, desto mehr Gewicht kommt seiner Entscheidung zu.

Zwei unterschiedliche Mehrheiten?

Mit der letzten Novelle des Wohnungseigentumsgesetzes wurde das System der Mehrheitsbildung bei Beschlüssen um eine zweite Möglichkeit erweitert, die am 1. Juli 2022 in Kraft tritt. Ab diesem Datum werden die beiden Varianten nebeneinander existieren. Das heißt, es können Beschlüsse wie bisher, von einer Mehrheit von mindestens 50,01 Prozent aller Miteigentumsanteile gefasst werden.

Daneben sind aber – neu – auch Mehrheitsbeschlüsse aufgrund einer **qualifizierten Mehrheit der abgegebenen Stimmen** möglich. Bei dieser Form muss ein zweifaches Zustimmungserfordernis erfüllt werden:

Einerseits müssen sich zumindest zwei Drittel jener Wohnungseigentümer, die ihre Stimme abgegeben haben, für den Beschluss aussprechen (die Berechnung erfolgt wieder nach Miteigentumsanteilen). Zweitens müssen die Stimmen, die sich für einen Beschluss aussprechen, zumindest ein Drittel aller Miteigentumsanteile, daher mindestens 33,34 Prozent , repräsentieren.

Ausschlaggebend für diese Neuregelung ist der Umstand, dass sich oft viele Wohnungseigentümer gar nicht an Beschlussfassungen in ihrer Wohnhausanlage beteiligen. Deshalb können gar keine Beschlüsse gefasst werden, weil dafür immer die Zustimmung von zumindest 50,01 Prozent der Miteigentumsanteile erforderlich ist. Im Bereich der ordentlichen Verwaltung sind im Regelfall keine Beschlussfassungen notwendig (►Seite 134). Sobald es sich jedoch um Maßnahmen der außerordentlichen Verwaltung handelt, sind Mehrheitsbeschlüsse zwingend notwendig (► Seite 135). Gerade Maßnahmen zur Optimierung der energietechnischen Ausgestaltung eines Gebäudes stellen im Regelfall Verbesserungen dar, für deren Umsetzung es eines Mehrheitsbeschlusses bedarf (Maßnahme der außerordentlichen Verwaltung).

Nehmen an einer Hausversammlung nur wenige Wohnungseigentümer teil, die selbst nicht einmal ein Drittel der Miteigentumsanteile repräsentieren, kann auch bei Einstimmigkeit kein gültiger Beschluss gefasst werden. Daher kann auch aufgrund der neuen Rechtslage kein gültiger Beschluss gefasst werden. Die Nichtteilnahme an einer Hausversammlung oder eine Stimmenthaltung gelten nicht als Zustimmung! In diesem Fall hat der Verwalter die nicht erschienenen Wohnungseigentümer zugleich mit der Übersendung des Protokolls aufzufordern, sich zur offen gebliebenen Frage innerhalb einer bestimmten Frist schriftlich zu äußern.

Die Teilnahme an der Hausversammlung wird im Regelfall persönlich erfolgen, und jeder Wohnungseigentümer gibt seine Stimme selbst ab. Es ist jedoch auch möglich, einen Vertreter zu benennen und diesen schriftlich(!) zu bevollmächtigen. Eine derartige Vollmacht darf nicht älter als drei Jahre sein. Ist die schriftliche Vollmacht älter als drei Jahre oder wurde der Vertreter nur mündlich bevollmächtigt, so muss der Wohnungseigentümer die Handlung seines Vertreters nachträglich binnen 14 Tagen schriftlich genehmigen.

Beispiele

Unter welchen Umständen kann nach der Neuregelung ein Beschluss der Mehrheit der Wohnungseigentümer gefasst werden? Dazu folgende Beispiele:

Auf einer Liegenschaft befinden sich zwanzig Wohnungen, die Summe der Nutzwerte (=Miteigentumsanteile - MA) ist 1.000. In der Einladung zur Eigentümerversammlung wurde die zur Entscheidung anstehende Frage der Art der geplanten Wärmedämmung als Tagesordnungspunkt benannt. Weiters wurde auf die Neuregelung der Mehrheitsfindung hingewiesen, wonach eine wirksame Beschlussfassung auch dann möglich ist, wenn sich die Mehrheit der Miteigentumsanteile gar nicht darin beteiligt.

An der Eigentümerversammlung nehmen 550 Miteigentumsanteile, das sind 55% aller MA, teil. Nur 500 der Miteigentumsanteile (50% der MA) geben eine Stimme für/gegen einen Beschluss ab, die verbleibenden 50 (5%) MA stimmen nicht ab. Von den abgegebenen (!) 500 Stimmen entfallen 400 Miteigentumsanteile auf JA-Stimmen, das sind 80% der abgegebenen Stimmen. Da die 400 MA auch mehr als ein Drittel aller Miteigentumsanteile darstellen, liegt ein gültiger Beschluss der Mehrheit der Wohnungseigentümer vor.

An der Eigentümerversammlung nehmen 380 Miteigentumsanteile, das sind 38% aller MA teil. An der Abstimmung beteiligen sich alle Anwesenden. Das Ergebnis lautet 340 JA-Stimmen und 40 NEIN-Stimmen. Die 340 JA-Stimmen, sind 89,47% der abgegebenen (!) Stimmen. Gleichzeitig stellen 340 Miteigentumsanteile auch 34% aller Miteigentumsanteile, daher mehr als ein Drittel, dar. Es liegt ein gültiger Beschluss der Mehrheit der Wohnungseigentümer dar.

An der Eigentümerversammlung nehmen 340 Miteigentumsanteile, das sind 34% aller MA teil. An der Abstimmung beteiligen sich alle Anwesenden. Das Ergebnis lautet 300 JA-Stimmen und 40 NEIN-Stimmen. Die 300 JA-Stimmen, sind 88,23% der abgegebenen (!) Stimmen. Die 300 JA-Stimmen stellen aber weniger als ein Drittel aller Miteigentumsanteile, nämlich nur 30%, dar. Damit liegt kein gültiger Beschluss vor.

Einen Sonderfall stellt das gemeinsame Wohnungseigentum von Eigentümerpartnern dar. In diesem Fall können die Partner nur gemeinsam entscheiden. Das heißt, sie müssen zuerst untereinander abklären, welchem Vorschlag sie zustimmen wollen.

Beschlüsse können aber nicht nur auf Hausversammlungen gefasst werden, sondern auch mittels eines sogenannten Umlaufbeschlusses. Hier wird jedem Wohnungseigentümer eine konkrete Fragestellung schriftlich übermittelt und ein Endtermin zur Äußerung bzw. Beantwortung bekannt gegeben. Innerhalb dieser Frist sind die jeweiligen Entscheidungen an den Verwalter oder an den Fragesteller zurückzuschicken. Solange die Frist noch nicht abgelaufen ist, kann jeder Wohnungseigentümer seine ursprüngliche Entscheidung auch widerrufen und anders entscheiden.

Beschlüsse können nicht nur auf Hausversammlungen gefasst werden

Als Umlaufbeschluss wird auch die Äußerung bzw. Entscheidung mittels Unterschriftenliste behandelt. Hier wird eine Liste von Wohnungs-

Kein Stimmrecht

Im Rahmen einer Hausversammlung der Eigentümergemeinschaft soll über die Beauftragung eines neuen Hausverwalters abgestimmt werden. Ein Wohnungseigentümer, Herr L., hat seinen Bruder, der konzessionierter Hausverwalter ist, als neuen Verwalter vorgeschlagen. Bei der Beschlussfassung über diesen Antrag steht Herrn L. kein Stimmrecht zu. Von der Teilnahme an der Hausversammlung und den Beratungen darf Herr L. aber nicht ausgeschlossen werden.
Die Ermittlung der Mehrheit nach dem Stimmrechtsauschluss von Herrn L. wird folgendermaßen vorgenommen. Insgesamt gibt es sechs Wohnungseigentümer mit folgenden Anteilen:

- Herr A. .... 25/100-tel Anteile
- Frau S. .... 15/100-tel Anteile
- Frau M. .... 15/100-tel Anteile
- Herr G. .... 15/100-tel Anteile
- Herr A. .... 15/100-tel Anteile
- Herr L. (vom Stimmrecht ausgeschlossen) .... 15/100-tel Anteile

Zur Abstimmung sind hier nur 85/100-tel Anteile zugelassen, als neue Anteilsmehrheit (50,01%) ergeben sich daher 43/100-tel Anteile. Bei Anwendung der neuen Regelung zur Beschlussfassung, kann auch eine geringere Zustimmung als die von 43 Anteilen bereits zu einem wirksamen Beschluss führen. Im Einzelfall hängt dies von der Anzahl der abgegebenen Stimmen ab.

eigentümer zu Wohnungseigentümer weitergereicht, und jeder gibt seine Entscheidung mit Unterschrift zu einem bestimmten Vorschlag ab. Auch hier erfolgt die Zählung nach Miteigentumsanteilen und nicht nach der Anzahl der Personen

Solange der WE-Organisator noch Mehrheitseigentümer ist, kann er viele Entscheidungen praktisch allein treffen. Dass dabei die Interessen der Minderheitseigentümer nicht immer gewahrt werden, versteht sich von selbst. Zwei Instrumente bieten hier aber der überstimmten Minderheit einen besonderen Schutz:

- Entscheidungen des Mehrheitseigentümers können über Antrag gerichtlich überprüft werden.
- Bei Interessenkollision gibt es einen Stimmrechtsausschluss.

Entscheidungen des Mehrheitseigentümers können bei Gericht angefochten werden

Trifft der Mehrheitseigentümer Maßnahmen, die zu einem unverhältnismäßigen Nachteil eines anderen Wohnungseigentümers führen, kann dieser binnen drei Monaten das Gericht anrufen. Dasselbe gilt für Unterlassungen des Mehrheitseigentümers oder Weisungen an den Hausverwalter, die unverhältnismäßig nachteilig für einen Wohnungseigentümer sind.

Anwendungsfälle sind beispielsweise: Der Mehrheitseigentümer unterlässt die rasche Beauftragung eines Installateurs, die gesperrte Gasleitung zu erneuern. Er beauftragt Arbeiten, die aufgrund besonders aufwendiger Ausführung („Luxusvariante") zu einer Mehrbelastung der Wohnungseigentümer führen.

Als Mehrheitseigentum einer Person gilt übrigens auch, wenn die Anteilsmehrheit im Eigentum mehrerer Personen steht, die miteinander durch ein familiäres oder wirtschaftliches Naheverhältnis verbunden sind. Das Besondere an dieser Bestimmung ist, dass damit auch Maßnahmen der sogenannten ordentlichen Verwaltung bekämpft werden können, bei denen normalerweise die Mehrheit allein entscheidet. Der Antrag ist beim örtlich zuständigen Bezirksgericht im Außerstreitverfahren (► Seite 138) einzubringen.

Die dreimonatige Frist zur Gerichtsanrufung läuft ab Kenntnis des Minderheitseigentümers von der geplanten Maßnahme. Wurden bestimmte Arbeiten, die zum Nachteil der Minderheit führen, bereits kon-

Fruchtgenuss und Stimmrecht

Der Fruchtgenuss ist das Recht, eine Eigentumswohnung oder ein anderes WE-Objekt ohne Einschränkung zu benützen, obwohl die Eigentumswohnung (ein WE-Objekt) jemand anderem gehört. Der Fruchtgenussberechtigte kann die Wohnung selbst benützen oder auch vermieten. In diesem Fall gehören ihm auch die Mietzinse. Er ist aber auch verpflichtet, das Objekt auf eigene Kosten instand zu halten und die Beiträge an die Eigentümergemeinschaft zu leisten. Der Fruchtgenussberechtigte wird auch „wirtschaftlicher Eigentümer" genannt. Das Fruchtgenussrecht wird häufig bei Übergaben im Familienverband eingeräumt: Die Eltern schenken ihre Eigentumswohnung der Tochter, behalten sich jedoch das Fruchtgenussrecht. Das bedeutet, sie können die Wohnung zu Lebzeiten selbst nutzen oder auch vermieten. Ein derartiges Fruchtgenussrecht wird im Regelfall im Grundbuch eingetragen, sonst ist es für Dritte nicht ersichtlich. Dem Fruchtgenussberechtigten stehen nach außen hin und auch im Verhältnis zu den übrigen Wohnungseigentümern die Rechte eines Wohnungseigentümers zu. Er tritt auch in Angelegenheit der Verwaltung an die Stelle des Wohnungseigentümers. Die Ausübung des Stimmrechtes steht daher dem Fruchtgenussberechtigten und nicht dem Wohnungseigentümer zu.

kret in der Vorausschau des Hausverwalters angekündigt, so beginnt die Frist mit der Auflage der Vorausschau. Wurden die Arbeiten hingegen gar nicht angekündigt, beginnt die Frist erst mit der tatsächlichen Durchführung der Arbeiten.

In bestimmten Fällen hat auch ein Wohnungseigentümer bei einer Hausversammlung kein Stimmrecht

Will die Gemeinschaft mit einem Wohnungseigentümer der Liegenschaft ein Rechtsgeschäft abschließen, so steht diesem Wohnungseigentümer bei der Beschlussfassung gar kein Stimmrecht zu. Dies gilt nicht nur für den Mehrheitseigentümer, sondern für alle Wohnungseigentümer.

Dem Rechtsgeschäft mit einem Wohnungseigentümer steht ein solches mit einer Person, die in einem familiären oder wirtschaftlichen Naheverhältnis zu ihm steht, gleich.

Technisch soll in diesen Fällen die für die Beschlussfassung erforderliche Anteilsmehrheit so berechnet werden, dass die vom Stimmrecht ausgeschlossene Miteigentumsquote von der Gesamtheit der Anteile abgezogen und der sich sodann ergebende Rest durch zwei dividiert wird.

Anfechtung von Beschlüssen

Ist ein Beschluss der Eigentümergemeinschaft zustande gekommen, muss er durch einen deutlich sichtbaren Aushang im Haus und Übersendung an alle Wohnungseigentümer bekannt gemacht werden. Ab dieser Bekanntmachung durch Hausanschlag kann jeder Wohnungseigentümer einen Beschluss bei Gericht im Außerstreitverfahren anfechten.

Diese Möglichkeit zur gerichtlichen Überprüfung von Beschlüssen besteht jedoch nur innerhalb bestimmter Fristen:

Soll ein Beschluss gerichtlich überprüft werden, geht das nur innerhalb bestimmter Fristen

- binnen einem Monat ab Bekanntmachung wegen formeller Mängel, Gesetzwidrigkeit oder Fehlens der erforderlichen Mehrheit bei Beschlüssen in Angelegenheiten der ordentlichen oder außerordentlichen Verwaltung;
- binnen drei Monaten ab Bekanntmachung bei geplanten Veränderungen/Verbesserungen (außerordentliche Verwaltung) wegen übermäßiger Beeinträchtigung oder mangelnder Kostendeckung;
- binnen sechs Monaten ab Bekanntmachung bei Maßnahmen der außerordentlichen Verwaltung, wenn die Verständigung von der geplanten Beschlussfassung unterblieben ist.

Vom Bezirksgericht wird über Antrag eines Wohnungseigentümers geprüft, ob der Beschluss rechtswirksam ist und damit alle Miteigentümer bindet.

Beim Gegenstand bzw. Inhalt der Entscheidungen, die von den Wohnungseigentümern zu treffen sind, ist zunächst eine wichtige Unterscheidung vorzunehmen: Es gibt Angelegenheiten der ordentlichen und der außerordentlichen Verwaltung.

Angelegenheiten der ordentlichen Verwaltung. Hier werden die Entscheidungen von der Mehrheit der Wohnungseigentümer allein getroffen. Diese Entscheidungen binden auch die Minderheit. Eine Anfechtung ist nur aus den im ersten Punkt genannten Gründen binnen Monatsfrist zulässig. (Der Sonderfall eines Mehrheitseigentümers wurde auf ► Seite 130 beschrieben.)

Streitpunkt Rücklage

Um die schon länger geplanten Renovierungsarbeiten durchführen zu können, schlägt Hausverwalter Rührig bereits in der Einladung zur Eigentümerversammlung vor, in den nächsten 10 Jahren ein Rücklagenvolumen von € 100.000,– anzusparen.
Nach der Diskussion wird in der Eigentümerversammlung folgender Beschluss gefasst: „Die anwesenden Wohnungseigentümer beschließen die Anpassung der Reparaturrücklage auf jährlich € 10.000,–. Dieser Betrag wird anteilsmäßig auf die Eigentümer verteilt und ist – beginnend mit 1. Jänner 2016 – monatlich mit einem Zwölftel des Jahresbetrages zu akontieren, und zwar so lange, bis ein Änderungsbeschluss gefasst wird."
Diesem Beschluss haben alle anwesenden Wohnungseigentümer, das sind 80 % der Anteile, zugestimmt. Der Gegenstand der geplanten Beschlussfassung wurde ordnungsgemäß in der Einladung zur Hausversammlung (die allen Wohnungseigentümern zugestellt wurde) ausgewiesen. Es handelt sich um eine Angelegenheit der ordentlichen Verwaltung und die Mehrheit der Wohnungseigentümer, berechnet nach Anteilen, hat den Beschluss wirksam gefasst.
Eine Woche nach der Hausversammlung versendet der Hausverwalter das Protokoll der Hausversammlung mit dem gefassten Beschluss an alle Wohnungseigentümer. Überdies nimmt er den verpflichtenden Hausanschlag am Schwarzen Brett im Hauseingangsbereich mit dem Inhalt des Beschlusses und der Angabe der Anfechtungsfrist vor.
Der bei der Eigentümerversammlung nicht anwesende Herr Schober, Miteigentümer zu 20 %, ist über den gefassten Beschluss höchst erbost, weil er die Anpassung für überzogen hält. Kann er den Beschluss bei Gericht erfolgreich anfechten?

In diesem Fall eindeutig nein – aus folgenden Gründen:
In der Einladung zur Versammlung wurde bereits auf die geplante Beschlussfassung zur Rücklage hingewiesen. Die Entscheidung über die Höhe der Rücklage ist eine Maßnahme der ordentlichen Verwaltung, wo die Anteilsmehrheit entscheidet. Bei der Eigentümerversammlung war die Mehrheit (80 %) anwesend, und die Anwesenden haben den Beschluss einstimmig gefasst.
Eine erfolgreiche Anfechtung des Beschlusses wäre hier nur wegen formeller Mängel, Gesetzwidrigkeit oder Fehlens der erforderlichen Mehrheit möglich.

Angelegenheiten der außerordentlichen Verwaltung. Hier sind Entscheidungen prinzipiell einstimmig zu treffen. Geplante Veränderungen/Verbesserungen an gemeinsamen Teilen und Anlagen der Liegenschaft genießen eine Sonderstellung. Hier entscheidet ebenfalls die Mehrheit der Wohnungseigentümer, allerdings kann jeder Überstimmte die gerichtliche Aufhebung des Beschlusses beantragen (► Seite 135).

Eine erfolgreiche Anfechtung des Beschlusses wäre hier nur wegen formeller Mängel, Gesetzwidrigkeit oder Fehlens der erforderlichen Mehrheit möglich.

Ordentliche Verwaltung

Zu den Angelegenheiten der ordentlichen Verwaltung zählt neben der laufenden Hausbewirtschaftung auch

- die ordnungsgemäße Erhaltung des Gebäudes und der Gemeinschaftsanlagen sowie allfälliger weiterer gemeinsamer Anlagen der Liegenschaft (dazu gehören auch Arbeiten an allgemeinen Hausteilen, die der Beseitigung erheblicher Gesundheitsgefahren dienen);
- die Bildung einer Rücklage in angemessener Höhe (aus der sämtliche Aufwendungen für die Liegenschaft zu decken sind);
- die Aufnahme eines Darlehens bei größeren Erhaltungsarbeiten, deren Kosten durch die Rücklage nicht gedeckt sind;
- die angemessene Versicherung der Liegenschaft;
- die Bestellung und Abberufung eines Verwalters;
- die Bestellung und Abberufung eines Eigentümervertreters;
- die Erlassung und Änderung einer Hausordnung;
- die Vermietung von Flächen und Räumlichkeiten, die im gemeinsamen Eigentum stehen, an Dritte. Die Vermietung an einen Wohnungseigentümer bedarf dagegen der Einstimmigkeit. Gleiches gilt für die Kündigung oder Auflösung derartiger Mietverträge.

Alle Aufwendungen für die Liegenschaft werden aus der Rücklage bezahlt

Einen besonderen Kündigungsgrund gibt es für Mietverhältnisse über Kfz-Abstellplätze, wenn der Mieter kein Miteigentümer ist. Hat ein Wohnungseigentümer Bedarf an einem Abstellplatz, so kann das Mietverhältnis in jedem Fall unter Einhaltung einer dreimonatigen Frist aufgekündigt werden. Ist dagegen ein Wohnungseigentümer Mieter, gilt die besondere Kündigungsmöglichkeit nur dann, wenn er mehr als einen Abstellplatz gemietet hat und ein anderer Wohnungseigentümer den Abstellplatz dringend benötigt (Interessenabwägung).

Außerordentliche Verwaltung

Bei der außerordentlichen Verwaltung geht es um alle Maßnahmen und Arbeiten, die über die ordentliche Verwaltung hinausreichen. Dazu gehören:

- alle Arbeiten am Gebäude, die über den Erhaltungsbegriff hinausgehen. Dazu zählen Veränderungen/Verbesserungen wie z.B. der Einbau eines Aufzuges oder der Dachgeschoßausbau;
- Änderungen in der Nutzung allgemeiner Anlagen wie z.B. die Neuschaffung von Abstellplätzen im Hof;
- die Auflassung eines Hausbesorger-/Hausbetreuerpostens und die Entscheidung, wie die ehemalige Hausbesorger-Dienstwohnung künftig genutzt werden soll;
- der Abschluss eines Mietvertrages über Flächen und Räumlichkeiten mit einem Wohnungseigentümer;
- der Abschluss von Benützungsregelungen zwischen den Wohnungseigentümern über gemeinsame Teile und Anlagen der Liegenschaft.

Einen Aufzug ein- oder ein Dachgeschoss auszubauen fällt unter außerordentliche Verwaltung

In den aufgezählten Fällen müssen im Regelfall alle Wohnungseigentümer zustimmen. Davon gibt es folgende Ausnahmen:

Benützungsregelung. Ist bei Gericht ein Verfahren zur Erlassung einer Benützungsregelung anhängig, kann eine Mehrheit von zwei Dritteln der Anteile eine vorläufige Benützungsregelung beschließen. Diese gilt so lange, bis eine rechtskräftige gerichtliche Entscheidung vorliegt.

Veränderung an gemeinsamen Teilen und Anlagen. In diesem Fall genügt zunächst die Zustimmung der Mehrheit der Wohnungseigen-

Umwidmung in Beton?

Herr Grün steht unter Druck: Der kleine Garten neben dem Haus soll in einen Parkplatz umgewidmet werden. Zumindest wollen das die anderen neun Wohnungseigentümer der Liegenschaft. Er ist als einziger dagegen – und in einer starken Position: Eine derartige Umwidmung muss einstimmig erfolgen. Treffen die anderen Wohnungseigentümer einen diesbezüglichen Mehrheitsbeschluss, sollte Herr Grün den Beschluss trotzdem fristgerecht beim Bezirksgericht anfechten. Die Chancen für die Aufhebung des Beschlusses durch das Gericht sind sehr hoch.

tümer im Rahmen einer ordnungsgemäßen Beschlussfassung. Jeder der Überstimmten kann dagegen das Gericht im Außerstreitverfahren anrufen und die gerichtliche Aufhebung des Beschlusses verlangen. Die Frist für die Gerichtsanrufung beträgt drei Monate, im Falle einer nicht ordnungsgemäßen Verständigung von der beabsichtigen Beschlussfassung sechs Monate ab Bekanntmachung des Beschlusses.

Das Gericht hat den Mehrheitsbeschluss aufzuheben, wenn

- die Minderheit durch die Veränderungen übermäßig beeinträchtigt würde. Kann die Beeinträchtigung hingegen finanziell ausgeglichen werden, hat das Gericht eine angemessene Entschädigung festzusetzen;
- die Kosten aus der Rücklage nicht gedeckt werden können und die Mehrheit sich auch nicht zur Kostentragung bereiterklärt. Handelt es sich dagegen um eine Verbesserung, die eindeutig allen Wohnungseigentümern zugute kommt, ist der Beschluss nicht aufzuheben.

Minderheitsrechte

Neben der Möglichkeit für den einzelnen Wohnungseigentümer, Mehrheitsbeschlüsse bei Gericht anzufechten, stehen ihm noch weitere Minderheitsrechte zu. Sie betreffen hauptsächlich Maßnahmen der ordentlichen Verwaltung, bei denen die Mehrheit keine Entscheidung trifft. Findet der einzelne Wohnungseigentümer für seine Anliegen innerhalb der Eigentümergemeinschaft keine Mehrheit, so kann er die gerichtliche Entscheidung darüber verlangen. Diese Verfahren werden beim Bezirksgericht mit Antrag im besonderen Außerstreitverfahren eingeleitet und betreffen folgende Angelegenheiten:

Als Wohnungseigentümer stehen Ihnen auch Minderheitsrechte zu

- die Durchführung von Erhaltungsarbeiten binnen angemessener Frist;
- die Bildung einer angemessenen Rücklage für die künftigen Aufwendungen. Dazu gehört auch die Entscheidung über die Höhe der Rücklage;
- die Genehmigung einer Ratenzahlung für die anteiligen Kosten umfangreicher Erhaltungsarbeiten. Damit soll dem einzelnen Wohnungseigentümer ermöglicht werden, seinen Anteil an den Gesamtkosten in Monatsraten an die Gemeinschaft zu entrichten. Die Rückzahlung kann bis auf zehn Jahre erstreckt werden, zusätzlich sind die ortsüblichen Zinsen zu entrichten;
- den Abschluss einer angemessenen Versicherung für das Haus gegen die Risken des Brandschadens und der Haftpflicht;
- die Bestellung eines (vorläufigen) Verwalters;
- die Durchsetzung der Pflichten des Verwalters;
- die Auflösung des Verwaltervertrages wegen grober Pflichtverletzungen;
- die Abänderung der Hausordnung, wenn dadurch wichtige Interessen eines Wohnungseigentümers verletzt werden bzw. die Änderungen für ihn unzumutbar sind;
- die Aufkündigung des Mietvertrages über einen Kfz-Abstellplatz mit einem Dritten, der nicht Wohnungseigentümer ist. Der antragstellende Wohnungseigentümer muss selbst am Abstellplatz Bedarf haben.

Neben diesen Rechten hat jeder Wohnungseigentümer aber auch die Pflicht, festgestellte Schäden am Haus dem gemeinsamen Verwalter zu melden. Bei Unterlassung kann man zum Schadenersatz herangezogen werden. Bei Gefahr im Verzug kann jeder Wohnungseigentümer sofort

Schäden am Haus müssen Sie sofort dem Verwalter melden

ohne Rücksprache mit den anderen die notwendigen Maßnahmen einleiten. Das betrifft z.B. einen Wasserrohrbruch, wo sofort die Feuerwehr oder ein Installateur verständigt werden muss.

Das Außerstreitverfahren

Bei Prozessen vor Zivilgerichten, so auch in Wohnungssachen, gibt es zwei Verfahrensarten: das streitige und das außerstreitige Verfahren. Ungeachtet der Bezeichnung wird in beiden Verfahrensarten durch einen Richter über widerstreitende Interessen entschieden. Welche Verfahrensart anzuwenden ist, ergibt sich aus den jeweiligen Gesetzen. Einige Unterschiede zwischen diesen beiden Verfahrensarten sind:

- Im Außerstreitverfahren wird ein Antrag gestellt, die Parteien sind Antragsteller und Antragsgegner. Im Streitverfahren wird eine Klage eingebracht, die Parteien sind Kläger und Beklagter.
- Das Außerstreitverfahren ist formloser als das Streitverfahren.
- Im Außerstreitverfahren gibt es auch einen Kostenersatz für die Vertretungskosten, allerdings ist dieser vom Gericht nach Billigkeit festzusetzen. Insbesondere ist dabei zu berücksichtigen, in welchem Ausmaß dem Antrag stattgegeben wurde, welcher nicht zweckentsprechende Aufwand durch einzelne Parteien verursacht wurde und wie viele Parteien am Verfahren beteiligt waren. Leider wurde mit dieser Regelung das zuvor weitgehend kostenarme Außerstreitverfahren mit einem nicht unbedeutenden Kostenrisiko belastet. Im Streitverfahren bekommt der Prozessgewinner dagegen seine Rechtsanwaltskosten vom Gegner zur Gänze ersetzt.
- Im Außerstreitverfahren ergeht die Entscheidung mit Sachbeschluss, das Rechtsmittel dagegen heißt Rekurs. Im Streitverfahren wird mit Urteil entschieden, gegen das Berufung erhoben werden kann.

Auch im Außerstreitverfahren gibt es inzwischen ein Kostenrisiko

Nach dem WEG sind die Durchsetzung der Rechte des Minderheitseigentümers und die Kontrolle des Verwalters in das Außerstreitverfahren verwiesen. Insbesondere handelt es sich dabei um folgende Angelegenheiten:

- Duldung oder Unterlassung von Änderungen einschließlich der Entschädigung des dadurch beeinträchtigten Wohnungseigentümers;
- Beteiligung des Wohnungseigentümers an der Verwaltung;
- Durchsetzung der Ansprüche auf ordnungsgemäße Erhaltung und Verwaltung des Hauses;
- Entscheidung über Benützungsregelungen über allgemeine Hausteile;
- Überprüfung der Rechtswirksamkeit von Beschlüssen der Mehrheit;
- Durchsetzung der Pflichten des Verwalters. Dazu gehört insbesondere die Legung der Abrechnung und der Vorausschau für das Folgejahr. Inhaltliche Überprüfung der gelegten Abrechnungen auf deren Richtigkeit;
- Bestellung eines vorläufigen Verwalters; Rechtswirksamkeit einer Kündigung oder Auflösung des Verwaltungsvertrages;
- Überprüfung der Zulässigkeit eines vereinbarten abweichenden Aufteilungsschlüssels oder einer abweichenden Abrechnungs- und Abstimmungseinheit;
- Festsetzung eines abweichenden Aufteilungsschlüssels oder einer abweichenden Abrechnungs- und Abstimmungseinheit durch das Gericht.

Die Festsetzung der Nutzwerte ist nur mehr in jenen Fällen in das Außerstreitverfahren verwiesen, in denen nicht sämtliche Wohnungseigentümer dem eingeholten Nutzwertgutachten schriftlich zustimmen.

Auch folgende für Wohnungseigentümer wichtige Angelegenheiten sind im Außerstreitverfahren abzuhandeln; die Regeln sind aber nicht im WEG, sondern in den anderen Gesetzen enthalten:

- Streitigkeiten über die Verteilung und Abrechnung der Heiz- und Warmwasserkosten nach dem Heizkostenabrechnungsgesetz
- Überprüfung des Preises der Eigentumswohnung nach dem Wohnungsgemeinnützigkeitsgesetz
- Feststellung des Verteilungsschlüssels für die Betriebskosten in einem Mischhaus nach dem Mietrechtsgesetz oder nach dem Wohnungsgemeinnützigkeitsgesetz

Für die Entscheidung über diese Anträge ist das Bezirksgericht, in dessen Sprengel die Liegenschaft liegt, im Außerstreitverfahren zuständig.

Für die Einleitung eines Außerstreitverfahrens genügt ein kurzer Brief

Ein Außerstreitverfahren wird durch Antrag eingeleitet, am besten mit eingeschriebenem Brief. Der Antrag muss den Namen des Antragstellers und der Antragsgegner, eine kurze Darstellung des Sachverhaltes und ein Begehren enthalten. Als Antragsgegner kommen je nach Angelegenheit die anderen Wohnungseigentümer oder der Verwalter in Betracht. In diesen Verfahren brauchen Sie keinen Vertreter. Sie können sich aber auch vertreten lassen, z.B. von einer Mieterorganisation.

Für das Außerstreitverfahren sind derzeit pauschal 87 Euro für das Verfahren erster Instanz (Bezirksgericht) an Gerichtsgebühren zu entrichten. Für das Rechtsmittelverfahren beim Landesgericht ist die doppelte, beim Obersten Gerichtshof die dreifache Pauschalgebühr zu entrichten. Neben diesen Kosten können noch weitere sogenannte Barauslagen entstehen, z.B. die Gebühren von Sachverständigen. Die Barauslagen und die gegnerischen Anwaltskosten können zur Gänze auf die unterliegende Partei überwälzt werden. Auf die Problematik des Vertretungskostenersatzes wurde bereits verwiesen (► Seite 138).

Der Hausverwalter

Über die Bestellung des Verwalters entscheidet die Mehrheit der Eigentümer

Die Wohnungseigentümer einer Liegenschaft können diese, wie bereits erwähnt, selbst verwalten. Im Regelfall wird jedoch ein Verwalter für die gemeinsamen Belange der Gemeinschaft bestellt. Es besteht sogar der Anspruch jedes Wohnungseigentümers, dass ein gemeinsamer Verwalter bestellt wird. Die Bestellung eines Verwalters ist eine Angelegenheit der ordentlichen Verwaltung. Damit entscheidet die Mehrheit der Wohnungseigentümer über die Verwalterbestellung.

Solange noch kein Verwalter bestellt ist, kann jeder Wohnungseigentümer bei Gericht die sofortige Bestellung eines vorläufigen Verwalters beantragen. Dieses Antragsrecht steht auch jedem Dritten zu, der ein berechtigtes Interesse an einer Verwalterbestellung hat. Das kann z.B. ein Handwerker sein, der eine Reparatur durchführen soll, aber in Ermangelung eines Verwalters keinen Ansprechpartner hat.

Als Verwalter kann prinzipiell jede Person bestellt werden, doch neben einem einzelnen Miteigentümer kommen meist nur die gewerberechtlich befugten Immobilienverwalter und gemeinnützige Bauvereinigungen dafür in Betracht. In der Praxis kommt es häufig vor, dass sich der Bauträger (beim Neubau) bzw. der frühere Alleineigentümer (beim Altbau) die Bestellung des Verwalters vorbehält bzw. diesen vorweg bestimmt. In diesen Fällen sind entsprechende Klauseln bereits in den Anwartschafts- oder Kaufverträgen enthalten. Derartige Klauseln über die Verwalterbestellung sind nur dann zulässig, wenn der in Aussicht genommene Verwalter auch namentlich bestimmt ist, und sie wirken nicht länger als über einen dreijährigen Zeitraum.

Vertretungsbefugnis und Vollmacht

Der Verwalter wird mit seiner Bestellung zum gesetzlichen Vertreter der Eigentümergemeinschaft. Es steht ihm damit die nach außen unbeschränkte Vertretung der Eigentümergemeinschaft und die Verwaltung der Liegenschaft zu. Die einzelnen Wohnungseigentümer können ab diesem Zeitpunkt für die Liegenschaft keine selbstständigen Verwaltungshandlungen setzen. Sie können nur innerhalb der Gemeinschaft Beschlüsse fassen, dem Verwalter Weisungen erteilen und für den Fall der Nichtbefolgung die Gerichte beschäftigen.

Name und Anschrift des bestellten Verwalters können im Grundbuch angemerkt werden. Dies geschieht über Antrag des Verwalters oder eines Wohnungseigentümers unter Vorlage des Bestellungsbeschlusses.

Ab Ersichtlichmachung eines Verwalters im Grundbuch sind Zustellungen an die Eigentümergemeinschaft immer zu Handen dieses Ver-

Die Eigentümergemeinschaft ist keine „Nebenregierung"

Eine Verpflichtung zur Bestellung eines Verwalters gibt es nicht. Sobald aber ein Verwalter bestellt wurde, geht die Vertretungsbefugnis für die Eigentümergemeinschaft auf diesen über. Die Wohnungseigentümer können dann keine rechtswirksamen Handlungen mehr für die Eigentümergemeinschaft setzen. Ausnahme Interessenkollision ► Seite 125.

walters vorzunehmen. Wird z.B. die Eigentümergemeinschaft geklagt, so wird die Klage dem im Grundbuch angemerkten Verwalter zugestellt. Solange kein Verwalter im Grundbuch angemerkt ist, werden Klagen dem im Grundbuch erstgenannten Wohnungseigentümer als Zustellungsbevollmächtigten zugestellt.

Neben der Bestellung zum Verwalter durch die Eigentümergemeinschaft benötigt der Verwalter keine weiteren Vollmachten. Trotzdem verlangen die bestellten Verwalter oft noch zusätzlich eine schriftliche Vollmacht jedes einzelnen Wohnungseigentümers. Diese zusätzliche Vollmachtserteilung ist jedoch nicht erforderlich, sondern verschlechtert häufig nur die Rechtsposition des einzelnen Wohnungseigentümers.

In den verwendeten Vollmachtsformularen sind oft weitergehende Rechte für den Verwalter enthalten. Etwa das Recht des Verwalters, Erhaltungsarbeiten ohne vorherige Rücksprache mit den Wohnungseigentümern zu vergeben, oder das Recht des Verwalters zur Vertretung vor der Baubehörde. Es ist zwar nicht erforderlich, aber sinnvoll, einen gesonderten Verwaltervertrag abzuschließen. Darin können die genauen Verrechnungsmodalitäten vereinbart werden – etwa die getrennte Verrechnung von Betriebskosten und Erhaltungsarbeiten – und die Honorargestaltung (► Seite 145) kann geklärt werden.

Praktisch ist auch die Regelung, eine Kostenobergrenze für jene Arbeiten zu vereinbaren, die der Verwalter ohne Rücksprache mit den Wohnungseigentümern beauftragen darf. Bei größeren Arbeiten müssen die Wohnungseigentümer dann vor Auftragsvergabe verständigt werden.

Einzelvollmachten

Der bestellte Verwalter benötigt neben dem Bestellungsbeschluss der Eigentümergemeinschaft keine weiteren Vollmachten. Der Umfang seiner Vertretungsbefugnis ergibt sich aus den gesetzlichen Bestimmungen. Viele Verwalter fordern die einzelnen Wohnungseigentümer trotzdem auf, gesonderte Vollmachten zu unterzeichnen. Beachten Sie, dass sich derartige Vollmachten immer nur auf Sie als Person, nicht jedoch auf die Eigentümergemeinschaft beziehen können. Ein Widerruf derartiger Vollmachten ist jederzeit möglich.

Aufgaben und Rechte

Die Pflichten des Verwalters sind durch mehrere Gesetze geregelt

Die Verwalterpflichten sind einerseits im WEG und andererseits im ABGB enthalten. Sie können durch Vertrag weder beschränkt noch aufgehoben werden. Danach hat der Verwalter gemeinschaftsbezogene Interessen aller Wohnungseigentümer zu wahren und Weisungen der Eigentümermehrheit zu erfüllen.

Handelt es sich dabei aber um rechtswidrige Weisungen, ist der Verwalter verpflichtet, sie zu verweigern. Dazu gehört z.B. die Weisung, eine notwendige Dachreparatur nicht durchzuführen. Entgegen einer derartigen Weisung ist der Verwalter zur Durchführung dieser Arbeit verpflichtet.

Eine besondere Aufgabe stellt die Sicherstellung laufender Zahlungen der Wohnungseigentümer dar. Bei Rückständen eines Wohnungseigentümers können unter Umständen die anderen Wohnungseigentümer zur Haftung herangezogen werden. Damit ist es im Interesse der Gemeinschaft, dass der Verwalter bei Rückständen sofort die erforderlichen Schritte setzt. Zunächst muss er die Rückstände umgehend einmahnen. Bei Erfolglosigkeit der Mahnung muss er binnen einer Frist von sechs Monaten Klage gegen den säumigen Wohnungseigentümer einbringen und diese Klage im Grundbuch anmerken lassen. Nur dadurch wird das Vorzugspfandrecht gesichert (▶ Seite 156).

Zeitgerecht und richtig. Der Verwalter hat bis spätestens 30. Juni eines jeden Jahres über das vorausgegangene Kalenderjahr jedem Wohnungseigentümer eine ordentliche und richtige Abrechnung zu legen und in die Belege Einsicht zu gewähren. Im Fall einer anderen Abrechnungsperiode verschiebt sich der Zeitraum entsprechend. Die Richtigkeit der Abrechnungen kann im Außerstreitverfahren bei den Bezirksgerichten überprüft werden. Ab Übergabe der Wohnung ist auch allen WE-Bewerbern, die noch nicht Miteigentümer sind, eine ordentliche und richtige Abrechnung zu legen.

Wirtschaftlich und zweckmäßig. Die ordentliche Abrechnung und Belegsammlung muss den Wohnungseigentümern die Überprüfung der Verwaltertätigkeit im Hinblick auf Rechtmäßigkeit, Wirtschaftlichkeit und

Die Jahresabrechnung muss detailliert und übersichtlich gestaltet sein

Zweckmäßigkeit ermöglichen. Dazu muss die Abrechnung ausreichend detailliert und übersichtlich gestaltet sein. In der Abrechnung müssen sämtliche Einnahmen und Ausgaben für die Liegenschaft, die Entwicklung und Verzinsung der Rücklage, die Bedienung gemeinsamer Hypothekardarlehen sowie allfällige Rückstände einzelner Wohnungseigentümer aufscheinen.

Leicht zugänglich. Die Abrechnung ist jedem Wohnungseigentümer zu übermitteln. Die Möglichkeit zur Belegeinsicht ist in geeigneter Weise, etwa im Büro der Hausverwaltung, wenn diese in angemessener Entfernung liegt, anzubieten.

Vorausschauend. Vor Ablauf jeden Jahres hat der Verwalter für das Folgejahr im Haus eine Vorausschau aufzulegen. Damit sollen die Wohnungseigentümer über die voraussichtlichen Kosten des Folgejahres informiert werden. In der Vorausschau sind die in Aussicht genommenen Erhaltungs- und Verbesserungsarbeiten, die erforderlichen Beiträge zur Rücklage und die sonstigen Aufwendungen, insbesondere die Bewirtschaftungskosten, bekannt zu geben. Die Vorausschau ist jedem einzelnen Wohnungseigentümer zu übermitteln und im Haus anzuschlagen.

Mehrere Anbote. Vor Durchführung größerer Erhaltungs- und Verbesserungsarbeiten hat der Verwalter mindestens drei Anbote einzuholen.

Vetternwirtschaft gestattet?

Darf der Verwalter einen Verwandten für Erhaltungsarbeiten an der Liegenschaft heranziehen? Das geht, aber nur nach vorheriger Bekanntgabe des Naheverhältnisses gegenüber den Wohnungseigentümern. Selbstverständlich muss der Verwandte auch über die erforderliche Gewerbeberechtigung verfügen und seine Leistung zu einem angemessenen Preis anbieten.
Bei Durchführungsmängeln sind die Gewährleistungsansprüche vom Verwalter gegen den eigenen Verwandten zu erheben (genauso wie gegenüber einer Fremdfirma)! Sollte er darauf „vergessen", können diese Ansprüche von der Eigentümergemeinschaft geltend gemacht werden und der Verwalter kann unter Umständen zum Schadenersatz herangezogen werden.

Eigenkonto anlegen

Ein Eigenkonto der Eigentümergemeinschaft weist gegenüber einem Anderkonto des Verwalters erhebliche Vorteile auf (z.B. bei einem Verwalterwechsel). Die Gemeinschaft kann den Verwalter jedenfalls mit Mehrheitsbeschluss anweisen, alle Ein- und Auszahlungen und die Veranlagung der Rücklage über ein Eigenkonto der Eigentümergemeinschaft abzuwickeln.

Damit soll Wohnungseigentümern die Möglichkeit zum Vergleich einzelner Anbote vor der notwendigen Beschlussfassung geboten werden.

Informationspflicht. Beabsichtigt der Verwalter einen Geschäftsabschluss mit einer Person, zu der er in einem familiären oder wirtschaftlichen Naheverhältnis steht, muss er die Wohnungseigentümer auf diesen Umstand hinweisen. Darüber hinaus hat jeder Wohnungseigentümer Anspruch auf Auskunft über den Inhalt des Verwaltungsvertrages, insbesondere die Entgeltvereinbarung und den Umfang der vereinbarten Verwalterleistungen. Weiters muss der Verwalter Auskunft geben über das Stimmverhalten der anderen Wohnungseigentümer bei schriftlicher Willensbildung (z.B. Umlaufbeschluss).

Vereinbarungssache

Das Honorar des Hausverwalters ist Vereinbarungssache. Holen Sie mehrere Angebote von Immobilienverwaltern ein. Klären Sie auch ab, welche Leistungen im vereinbarten Grundhonorar enthalten sind und welche gesondert verrechnet werden. Ist die Teilnahme des Verwalters an jährlich einer Hausversammlung im Grundhonorar enthalten? Wie viel kostet seine Teilnahme an einer weiteren Hausversammlung? Bis zu welcher Anzahl sind Kopien von Belegen kostenfrei bzw. wie viel kostet eine Kopie pro Seite? Wie viele Aussendungen an alle Wohnungseigentümer sind kostenfrei bzw. ab welcher Anzahl werden Kosten (in welcher Höhe) verrechnet? Gebührt dem Verwalter eine Provision beim Abschluss neuer Versicherungsverträge? Will der Hausverwalter bei größeren Erhaltungsarbeiten ein gesondertes Honorar für die Bauüberwachung/Bauverwaltung verrechnen? Wenn ja, ab welchem Auftragswert und in welcher Höhe?

Einberufungspflicht. Der Verwalter hat zumindest alle zwei Jahre eine Eigentümerversammlung einzuberufen. Die Abhaltung von Versammlungen in anderen (kürzeren) Abständen kann natürlich vereinbart oder mit einer Mehrheit von zwei Dritteln der Miteigentumsanteile beschlossen werden. Während der Beschränkungen infolge der COVID-Pandemie wurden Versammlungen oft über das Internet (Videokonferenzschaltungen) abgehalten. Jetzt wurde im WEG ausdrücklich vorgesehen, dass der Verwalter die Teilnahme an Eigentümerversammlungen auch im Wege elektronischer Kommunikationsmittel, vorsehen kann.

Der Verwalter muss alle die Eigentümergemeinschaft betreffenden Ein- und Auszahlungen entweder über ein gesondertes, auf die Gemeinschaft lautendes Eigenkonto laufen lassen, das für alle Wohnungseigentümer einsehbar ist, oder über ein ebenso einsehbares besonderes Anderkonto.

Ist für umfangreiche Arbeiten nicht genügend Geld in der Rücklage vorhanden und können die Wohnungseigentümer die fehlenden Mittel auch nicht durch Einmalzahlungen in die Rücklage abdecken, muss der Verwalter zur Finanzierung der Arbeiten einen Kredit aufnehmen. Seit dem 1. Jänner 2022 kann der Verwalter den Wohnungseigentümern anbieten, den auf ihren Anteil entfallenden Betrag unmittelbar zu bezahlen. Damit vermindert sich die Höhe des aufzunehmenden Kredites.

Der Verwalter muss über Verlangen eines Wohnungseigentümers, der zur Verständigung der anderen Wohnungseigentümer deren Namen und Zustellanschriften braucht, die entsprechenden Angaben herausgeben. E-Mail-Adressen dürfen nur mit ausdrücklicher Einwilligung des Wohnungseigentümers mitgeteilt werden.

Der Hausverwalter hat Anspruch auf Honorar und Auslagenersatz. Die Höhe des Honorars muss mit der Eigentümergemeinschaft vereinbart werden. Es gibt keine Fixsätze!

Verwaltet eine gemeinnützige Bauvereinigung das Haus, so sehen die Bestimmungen des WGG einen Höchstbetrag für die verrechenbaren Verwaltungskosten vor. Die letzte Festsetzung erfolgte zum 1. April 2022 und hat sich in den Vorjahren entsprechend der Inflationsrate entwickelt. Die letzten Werte betrugen:

Wirksamkeitsbeginn	pro Wohnung und Kalenderjahr	umgerechnet pro Monat
1. April 2019	288,84 €	24,07 €
1. April 2020	293,16 €	24,43 €
1. April 2021	297,36 €	24,78 €
1. April 2022	305,52 €	25,21 €

Für die gewerblichen Immobilienverwalter gibt es keine derartigen Richtsätze. Als Grundlage für die Honorarvereinbarung kann die nach dem Mietrechtsgesetz verrechenbare Verwaltungskostenpauschale dienen. Sie beträgt seit 1. April 2022 3,80 Euro je Quadratmeter Nutzfläche und Jahr (das ist der jeweilige Kategoriehauptmietzins der Kategorie A).

Kündigung des Verwalters

Auch die Kündigung des Verwalters ist eine Angelegenheit der ordentlichen Verwaltung, worüber die Mehrheit der Wohnungseigentümer entscheidet. Zwei Fälle sind bei der Kündigung zu unterscheiden:

- Wurde der Verwalter auf unbestimmte Zeit bestellt, so kann sowohl die Eigentümermehrheit als auch der Verwalter unter Einhaltung einer dreimonatigen Frist zum Ende jeder Abrechnungsperiode ohne Angabe von Gründen kündigen.
- Wurde der Verwalter auf bestimmte Zeit bestellt, so ist der vereinbarte Zeitraum bis zu einer Höchstgrenze von drei Jahren für beide Seiten bindend. Nach Ablauf der drei Jahre kann jede Vertragspartei den Verwaltungsvertrag unter Einhaltung einer dreimonatigen Frist zum Ende jeder Abrechnungsperiode ohne Angabe von Gründen kündigen. Bei Nichtkündigung eines befristeten Verwaltungsvertrages geht dieser in einen unbefristeten Vertrag über.

Neben der Kündigung der Verwaltung, die unter Einhaltung bestimmter Fristen erfolgen muss, gibt es noch die Möglichkeit der außerordentlichen

Kündigung aus besonderen Gründen. Diese kann von der Mehrheit der Wohnungseigentümer bei Vorliegen wichtiger Gründe jederzeit, ohne Einhaltung einer Frist, ausgesprochen werden. Für den einzelnen Wohnungseigentümer gibt es auch die Möglichkeit, bei Gericht die Auflösung des Verwaltervertrages wegen grober Pflichtverletzung zu beantragen.

Eine Sonderstellung genießt eine gemeinnützige Bauvereinigung bei der Auflösung des Verwaltungsvertrages. Solange sie noch über die Mehrheitsanteile an der Liegenschaft verfügt, kann sie nur vom Gericht wegen grober Pflichtverletzung abberufen werden. Erst wenn ihr Eigentumsanteil unter 50 Prozent sinkt, kann von der Mehrheit der Wohnungseigentümer der Verwaltungsvertrag nach den allgemeinen Regeln gekündigt und ein anderer Verwalter bestellt werden.

Wurde vom Gericht ein vorläufiger Verwalter bestellt, so endet dessen Aufgabe mit der Bestellung eines Verwalters durch die Wohnungseigentümer. Damit entfällt das Erfordernis einer Kündigung.

Wird der Verwalter gekündigt, muss er unverzüglich Rechnung legen

Mit Beendigung der Verwaltung – Kündigung oder Abberufung – muss der bisherige Verwalter unverzüglich Rechnung legen und die Rücklage sowie die Hausverwaltungsunterlagen an den neuen Verwalter oder, sofern noch keiner bestellt ist, an die Eigentümergemeinschaft übergeben. Bei Säumigkeit besteht für jeden Wohnungseigentümer die Möglichkeit, das Gericht im Außerstreitverfahren anzurufen.

Aufwendungen und Verteilungsschlüssel

Unter Aufwendungen werden sämtliche Kosten, die bei der Nutzung und Bewirtschaftung der Liegenschaft anfallen, zusammengefasst. Dazu zählen die Betriebskosten, die Kosten der Erhaltung, die Beiträge zur Rücklage und unter bestimmten Voraussetzungen auch die Kosten von Verbesserungsarbeiten.

Eine Trennung in die einzelnen Kostenarten ist gesetzlich nicht vorgesehen. In den meisten Fällen werden aber Betriebskosten und andere Kosten getrennt verrechnet.

Betriebskosten

Das WEG kennt keine eigene Definition der Betriebskosten. Deshalb werden dafür die mietrechtlichen Bestimmungen herangezogen. Danach zählen zu den Betriebskosten des Hauses folgende Aufwendungen:

- Wassergebühren bei Versorgung aus einer öffentlichen Wasserleitung sowie die Kosten der Dichtheitsüberprüfung (wenn diese vorgeschrieben ist) oder die Kosten für die Erhaltung der Wasserversorgung aus einem Hausbrunnen oder einer nicht-öffentlichen Wasserleitung
- Kosten der regelmäßigen Rauchfangkehrung
- Kanalgebühren
- Kosten der Schädlingsbekämpfung und der Unratsabfuhr (Müllabfuhr, aber auch Boden- und Kellerentrümpelung von herrenlosem Gut)
- Kosten der Beleuchtung der allgemein zugänglichen Hausteile (Stiegenhaus, Keller)
- Kosten angemessener Hausversicherungen: Brandschaden- und Haftpflichtversicherung gehören jedenfalls zu den sogenannten Pflichtversicherungen; über eine erweiterte Versicherungsdeckung entscheidet die Mehrheit der Eigentümer
- Kosten und Auslagen für die Verwaltung des Hauses (► Seite 145)
- Kosten der Hausreinigung und Liegenschaftsbetreuung: Bei Beschäftigung eines Hausbesorgers sind das die Entgelte und Ersätze nach dem Hausbesorgergesetz und die Dienstgeberabgaben; sonst ist es das angemessene Entgelt bei Beschäftigung eines Hausbetreuers oder der angemessene Werklohn bei einem beauftragten Unternehmen
- öffentliche Abgaben für die Liegenschaft, z.B. die Grundbesitzabgabe
- Verbrauchs- und Wartungskosten von Gemeinschaftsanlagen wie einer zentralen Beheizungs- und Warmwasseraufbereitungsanlage, Aufzug, Waschküche, Sauna usw.

Bei den Betriebskosten gibt es keinen Unterschied zwischen Miet- und Eigentumswohnungen

Erhaltungskosten

Dazu gehören die Kosten der ordnungsgemäßen Erhaltung des Gebäudes und der Gemeinschaftsanlagen sowie allfälliger weiterer gemeinsamer Anlagen der Liegenschaft. Das umfasst alle Arbeiten an der Außenseite des Gebäudes (Außenfenster, Dach, Fassade), das Stiegenhaus sowie sämtliche Ver- und Entsorgungsleitungen. Auch die Beseitigung erheblicher Gefahren für die Gesundheit der Bewohner, die von allgemeinen Hausteilen ausgehen, gehört zur Erhaltungspflicht der Eigentümergemeinschaft. Dazu zählen insbesondere Bleiwasserleitungen, ungeerdete Elektroinstallationen, Asbest und andere gefährliche Baustoffe, die sich in den allgemeinen Hausteilen befinden. Arbeiten im Inneren einer Wohnung obliegen nur dann der Eigentümergemeinschaft, wenn es sich um Schäden handelt, die den Bauzustand (die Substanz) des Hauses gefährden. Auch die Kosten notwendiger Reparaturen an Gemeinschaftsanlagen wie zentrale Beheizungs- und Warmwasseraufbereitungsanlage, Aufzug, Waschküche, Sauna usw. gehören dazu. Ist eine Reparatur nicht mehr wirtschaftlich, zählt auch der Ersatz der Anlage zu den Kosten der Erhaltung.

Die Rücklage

Die Rücklage ist als Vorsorge für künftige Erhaltungsarbeiten zu bilden. Sie ist ein gebundenes Vermögen der Eigentümergemeinschaft, gesondert zu verwahren und fruchtbringend anzulegen.

Die Rücklage ist die Vorsorge für künftige Erhaltungsarbeiten

Die Entscheidung darüber, in welcher Höhe eine Rücklage gebildet wird, ist eine Maßnahme der ordentlichen Verwaltung (siehe auch das Beispiel auf ► Seite 133). Die Höhe der Rücklage hat sich entsprechend der Vorausschau des Verwalters an den voraussichtlichen Kosten zu orientieren.

Ab dem 1. Juli 2022 gilt es bei der Festlegung der Höhe der Rücklage auch auf künftige Aufwendungen zur thermischen Sanierung oder energietechnischen Verbesserung des Gebäudes Bedacht zu nehmen. Weiters sieht der Gesetzgeber ab dem 1. Juli 2022 eine Mindestrücklage in der Höhe von 0,90 Euro je Quadratmeter Nutzfläche und Monat vor. Die Rücklagenvorschreibung für die einzelnen Objekte ist aber nicht

Schadhafte Fensterstöcke

Kaputte Fensterscheiben einer Eigentumswohnung gehen die Gemeinschaft der Wohnungseigentümer nichts an. Anders aber, wenn bei der Eigentumswohnung von Herrn Meier die Außenfenster und die Fensterstöcke durch Witterungseinflüsse bereits so angegriffen sind, dass sie saniert, allenfalls sogar getauscht werden müssen. Da es sich dabei um allgemeine Teile der Liegenschaft handelt, müssen die Kosten dieser Erhaltungsarbeiten von der Gemeinschaft getragen werden. Aber: Die Wohnungseigentümer können für ihr Haus einstimmig auch eine andere Kostentragungsvereinbarung treffen (Beispiel ► Seite 23).

zwingend nach Nutzfläche, sondern nach dem allgemeinen Verteilungsschlüssel vorzunehmen. Eine Unterschreitung dieses Mindestbetrages ist nur zulässig, wenn

- die vorhandene Rücklage bereits sehr hoch ist;
- das Gebäude erst vor kurzem neu errichtet worden ist oder
- das Gebäude vor kurzem durchgreifend saniert worden ist;
- bei Reihenhaus- oder Einzelhausanlagen, bei denen die einzelnen Wohnungseigentümer die Erhaltungspflichten für jeweils ihr Haus übernommen haben.

Die Höhe der Mindestrücklage wird alle zwei Jahre, erstmals 2024, an die Entwicklung des Verbraucherpreisindexes angepasst.

Findet ein Wohnungseigentümer, dass die Rücklage zu hoch oder zu niedrig bemessen ist, kann bei Gericht im Außerstreitverfahren die Festlegung in angemessener Höhe durchsetzen (► Seite 138)

Da die Rücklage als gebundenes Vermögen der Gemeinschaft definiert ist, kommt es anlässlich eines Miteigentümerwechsels zu keiner Auszahlung des anteiligen Guthabens.

Die Kosten von Verbesserungs- und Veränderungsarbeiten

Derartige Kosten können nur unter ganz bestimmten Voraussetzungen zulasten der Rücklage verrechnet werden. Die Mehrheit muss die Durchführung dieser Arbeiten beschließen und die Rücklage muss, auch unter Berücksichtigung anstehender Erhaltungsarbeiten, ausreichend dotiert sein. Handelt es sich um eine Verbesserung, die allen Wohnungseigentümern eindeutig zum Vorteil gereicht, so kann das Gericht über Antrag aussprechen, dass die Kosten dieser Arbeiten von allen Wohnungseigentümern zu tragen sind.

Kostenaufteilung

Für die Aufteilung der Aufwendungen auf die einzelnen Wohnungseigentümer sieht das WEG einen einheitlichen Verteilungsschlüssel vor. Danach wird die Kostenverteilung nach dem Verhältnis der Miteigentumsanteile (= Nutzwerte) vorgenommen.

In Mischhäusern werden die Betriebskosten meist nach Nutzflächen aufgeteilt

Für Mischhäuser müssen jedoch die Betriebskosten für Mieter und Wohnungseigentümer nach demselben Verteilungsschlüssel abgerechnet werden. Maßgebend ist der Verteilungsschlüssel, der für die Mieter gilt. Das bedeutet in den meisten Fällen eine Verteilung der Betriebskosten nach Nutzflächen.

Die vom WEG vorgesehenen Verteilungsschlüssel sind aber nicht in allen Fällen zwingend anzuwenden. Folgende Ausnahmen sind zulässig:

Anderer Aufteilungsschlüssel. Alle Wohnungseigentümer – Einstimmigkeit erforderlich – einigen sich schriftlich auf einen anderen Aufteilungsschlüssel. Dieser kann für sämtliche Kostenarten, aber auch nur für einzelne Aufwendungen vereinbart werden. Im Regelfall werden diese abweichenden Vereinbarungen bereits im Wohnungseigentumsvertrag vorgesehen und im Grundbuch angemerkt.

Aufwand nach Nutzfläche. Im Althaus wird oft vorgesehen, dass alle Aufwendungen nach Nutzflächen (► Seite 14) oder nach „mietrechtlichen Grundsätzen" verteilt zu tragen sind. Hier ist aber in vielen Fällen besondere Vorsicht geboten, da unklare Vertragsbestimmungen zu Streitigkeiten zwischen den Miteigentümern führen können.

Abweichende Vereinbarungen. Alle Wohnungseigentümer – Einstimmigkeit erforderlich – beschließen eine von der Liegenschaft abweichende Abrechnungs- und Abstimmungseinheit. Dieses Modell ist besonders für Großwohnanlagen gedacht, wo z.B. fünf getrennte Wohnblocks auf einer Liegenschaft stehen. In diesem Fall könnten fünf getrennte Abrechnungs- und Abstimmungseinheiten, für jeden Block eine, vereinbart werden. Die Regeln über die Kostentragung und die Erfordernisse für Beschlussfassungen sind dann innerhalb einer Einheit anzuwenden. Trotz dieser eigenen Einheiten haftet aber die Eigentümergemeinschaft der gesamten Liegenschaft für Forderungen Dritter, z.B. von Professionisten.

Abweichende Abrechnung. Abweichende Abrechnungseinheiten können auch für Gemeinschaftsanlagen wie Aufzug, Waschküche, Sauna usw. vereinbart werden. Mit Bildung einer eigenen Abrechnungseinheit ist auch eine eigene Rücklage für diese Einheit zu bilden.

Mit Mehrheitsbeschlüssen können in folgenden Fällen abweichende Verteilungsschlüssel für alle bindend festgelegt werden:

Auch vom WEG abweichende Verteilungsschlüssel für die Kostenabrechnung sind möglich

Pauschaliert. Eine einfache Mehrheit kann beschließen, dass die Energiekosten von Gemeinschaftsanlagen von den Benützern in pauschalierter Form eingehoben werden. Das klassische Beispiel dafür sind die Waschmarken für die Benützung der Geräte in Waschküchen. Betragen die Energiekosten für einen Waschgang z.B. 98 Eurocent, darf eine Waschmarke (ausreichend für einen Waschgang) 1 Euro kosten. Der Benützer muss daher zunächst eine Waschmarke um 1 Euro ankaufen, um ein Gerät in der Waschküche in Betrieb nehmen zu können. Die eingehobenen Entgelte für Waschmarken sind in der Jahresabrechnung als Einnahmen auszuweisen.

Verbrauchsabhängig. Mit einer Mehrheit von zwei Dritteln der Miteigentumsanteile kann festgelegt werden, dass unmittelbar vom Verbrauch abhängige Kosten verbrauchsabhängig abgerechnet werden. Gedacht ist dabei an das Kaltwasser, wo für jede Wohnung mit einem eigenen Wasserzähler der Verbrauch festgestellt werden kann. Wird diese verbrauchsabhängige Aufteilung erst nachträglich beschlossen, muss auch der Kostenaufwand für die Installierung der Wasserzähler in einem wirtschaftlich vernünftigen Verhältnis zu den erwarteten Einsparungen stehen. Neben den Wasserkosten kommen auch die Kanalgebühren für eine verbrauchsabhängige Verteilung infrage, wenn die Abwassergebühren nach dem Wasserverbrauch bemessen werden.

Über Antrag eines Wohnungseigentümers kann auch das Gericht einen abweichenden Verteilungsschlüssel festsetzen. Darüber hinaus können auch gesonderte Abrechnungs- und Abstimmungseinheiten für einzelne Anlagen bzw. Hausteile festgesetzt werden. Folgende Umstände sind für das Gericht maßgebend:

- Der Aufteilungsschlüssel kann durch das Gericht abgeändert werden, wenn sich die Nutzungsmöglichkeiten der einzelnen Miteigentümer wesentlich geändert haben oder überhaupt wesentlich unterschiedliche Nutzungsmöglichkeiten vorliegen. Dies betrifft z.B. den Wohnungseigentümer einer Geschäftsräumlichkeit im Erdgeschoß, der den vorhandenen Aufzug praktisch nicht nutzen kann.
- Eigene Abrechnungs- und Abstimmungseinheiten können dann vorgesehen werden, wenn sich auf der Liegenschaft mehr als fünfzig Wohnungseigentumsobjekte befinden. Damit wird für Großwohnanlagen eine gesonderte Abrechnung je Stiege oder je Häuserblock ermöglicht.
- Für gesondert abzurechnende Anlagen wie z.B. Waschküchen, Aufzüge oder Wärmeversorgungsanlagen kann das Gericht ebenfalls eigene Abrechnungseinheiten vorsehen. Das gilt unabhängig von der Größe der Wohnhausanlage.

Auf die Kostenaufteilung bei zentralen Beheizungs- und Warmwasseraufbereitungsanlagen wird auf den folgenden Seiten näher eingegangen.

Verrechnung der Aufwendungen

Der Hausverwalter erstellt zunächst für jeden Wohnungseigentümer monatliche Vorschreibungen mit Pauschalbeträgen. Aufgrund seiner Pflicht zur Rechnungslegung muss er im Folgejahr jedem Wohnungseigentümer eine Abrechnung über die eingehobenen Pauschalbeträge

Betriebskostenverrechnung

Bei den Betriebskosten erscheint eine Ausgleichspflicht nach der Rechnungslegung sinnvoll. Die Kosten betreffen nur die Nutzung aus einem Kalenderjahr. Sie sollten daher im Folgejahr ausgeglichen und nicht über einige Jahre hinweg übertragen werden.

und die tatsächlichen Ausgaben ausfolgen. Aufgrund dieser Abrechnung entsteht ein bestimmter Saldo: ein Fehlbetrag oder ein Guthaben. Ein Guthaben ist den Wohnungseigentümern auf die folgenden Vorauszahlungen anzurechnen. Ein Fehlbetrag ist binnen zwei Monaten an den Verwalter zu bezahlen. Durch Beschluss der Wohnungseigentümer können aber auch andere Verrechnungsmodalitäten festgelegt werden.

Jeder Hausverwalter hat die Pflicht zur Rechnungslegung

Hinweis. Der Verwalter ist nicht verpflichtet, Fehlbeträge aus eigener Tasche vorzufinanzieren. Ergibt die Abrechnung bei den Betriebs- und Erhaltungskosten ein Minus, müssen die Miteigentümer den Fehlbetrag nachzahlen.

Anders die Situation bei Erhaltungskosten und Rücklagenabrechnung: Die Wohnungseigentümer zahlen über Jahre laufend Beträge an die Rücklage, damit bei notwendigen Reparaturarbeiten genügend Geld vorhanden ist. Allfällige Überschüsse dürfen hier nicht ausbezahlt werden, da dies dem Ansparen widersprechen würde. Gibt es dagegen einen Fehlbetrag bei der Rücklagenabrechnung, muss dieser sofort nachbezahlt werden.

Glauben Sie, dass eine Abrechnung des Hausverwalters falsch ist, weil er Ihnen zu viel verrechnet hat, so haben Sie zwei Möglichkeiten:

- Sie bezahlen den gesamten geforderten Betrag zunächst mit Vorbehalt und leiten dann eine Überprüfung der Abrechnung im Außerstreitverfahren ein (► Seite 138). Stellt sich heraus, dass Sie tatsächlich zu viel bezahlt haben, können Sie den Überschreitungsbetrag rückfordern.
- Sie bezahlen den strittigen Betrag zunächst nicht, sondern leiten die Überprüfung der Abrechnung im Außerstreitverfahren ein. In diesem Fall besteht die Gefahr, dass der Verwalter mit Klage gegen Sie vorgeht und diese im Grundbuch angemerkt

Gegen eine falsche Abrechnung können Sie im Außerstreitverfahren vorgehen

wird. Das Verfahren über die Klage wird über Antrag zunächst unterbrochen, bis im Außerstreitverfahren ein Ergebnis vorliegt.

Welche der beiden Vorgangsweisen für Sie günstiger ist, hängt immer vom Einzelfall ab. Bei offensichtlichen Unrichtigkeiten kann die Nichtbezahlung durchaus gerechtfertigt sein. Sie gehen aber das Risiko ein, dass mit Klage gegen Sie vorgegangen und Ihr Liegenschaftsanteil mit der Klagsanmerkung belastet wird.

Haftung und Vorzugspfandrecht

Macht die Eigentümergemeinschaft Schulden, haften alle im Verhältnis ihrer Anteile

Eine Sonderregelung sieht das WEG für den Fall vor, dass die vorhandene Rücklage für die Bedeckung der bereits fälligen Aufwendungen nicht ausreicht. Kommt die Eigentümergemeinschaft ihrer Pflicht zur Bezahlung bestehender Schulden nicht nach, so kann der Berechtigte, z.B. ein Handwerker, die Gemeinschaft auf Bezahlung klagen und erwirbt mit dem Urteil einen Exekutionstitel. Dieser Exekutionstitel kann in die vorhandene Rücklage und in die laufenden Vorauszahlungen für Aufwendungen vollstreckt werden. Das bedeutet, dass der Verwalter die bei ihm erliegenden Beträge herausgeben muss. Reichen diese Beträge zur Schuldentilgung nicht aus, so haften die einzelnen Wohnungseigentümer für den offenen Restbetrag im Verhältnis ihrer Eigentumsanteile. Damit wird für den nicht gedeckten Teil der Schulden eine anteilige Ausfallshaftung normiert.

Für Sie als Wohnungseigentümer ist es daher besonders wichtig, dass auch alle anderen Wohnungseigentümer ihre Vorauszahlungen fristgerecht leisten. Andernfalls kann es passieren, dass eine Haftung für die offenen Zahlungen der säumigen Wohnungseigentümer entsteht. Für die Geltendmachung von Rückständen ist der Verwalter als Vertreter der Eigentümergemeinschaft verantwortlich.

Um dieses Risiko zu minimieren, wurde ein gesetzliches Vorzugspfandrecht an jedem Miteigentumsanteil geschaffen. Damit werden Forderungen der Eigentümergemeinschaft gegen den säumigen Wohnungseigentümer abgesichert. Ebenso Rückgriffsforderungen eines anderen Wohnungseigentümers, der einstweilen für die Zahlungen des Säumigen aufgekommen ist.

Dieses Vorzugspfandrecht ist in zweifacher Weise beschränkt: Es kommt dem Forderungsberechtigten nur dann zu, wenn er die Forderung samt dem Pfandrecht binnen sechs Monaten ab Fälligkeit(!) klagsweise geltend macht und die Anmerkung der Klage im Grundbuch beantragt. Die zweite Beschränkung ergibt sich aus dem Umstand, dass nur jene Forderungen besichert sind, die in den letzten fünf Jahren vor Zuschlagserteilung bei einer Zwangsversteigerung rückständig wurden. Im Fall einer Zwangsversteigerung geht die besicherte Forderung nicht nur im Rang vor, sondern sie ist, falls sie im Meistbot keine Deckung findet, vom Ersteher ohne Anrechnung auf das Meistbot zu übernehmen.

Hinweis. Bei gesetzlichen Vorzugspfandrechten wird das grundbuchsrechtliche Eintragungsprinzip durchbrochen, das heißt, sie wirken auch ohne Eintragung gegen einen Erwerber. Mit der nunmehrigen Vorschrift, die Forderung klagsweise geltend zu machen und im Grundbuch anmerken zu lassen, wird zumindest in gewissem Maß dem Schutz des Vertrauens in das Grundbuch Rechnung getragen. Durch die Anmerkung beim verpflichteten Miteigentumsanteil wird ein Kaufinteressent bei Einsichtnahme ins Grundbuch darauf aufmerksam gemacht, dass eine zumindest überprüfungswürdige Situation besteht.

Das gesetzliche Vorzugspfandrecht wirkt auch ohne Eintragung im Grundbuch

Kosten für Heizung und Warmwasser bei gemeinsamen Wärmeversorgungsanlagen

Mit der Novellierung des Heiz- und Kältekostenabrechnungsgesetzes (HeizKG), letzte Änderungen sind mit 1. Jänner 2022 in Kraft getreten, werden jetzt neben den Kosten von Wärmelieferungen auch die Kosten von Kältelieferungen erfasst. Es enthält neben den eigentlichen Abrechnungsvorschriften die wichtigen Bestimmungen über die Aufteilung von Heizungs- und Warmwasserkosten bei zentralen Wärmeversorgungsanlagen. Mit diesem Gesetz werden auch jene Wärme- und Kältelieferungen erfasst, denen Direktverträge zwischen Wohnungsnutzern (Wärmeabnehmern) und Versorgungsunternehmen zugrunde liegen.

Gesetzlich geregelt: die Aufteilung und Abrechnung der Heiz- und Warmwasserkosten

Liegt die gemeinsame Wärmeversorgungsanlage im Geltungsbereich des HeizKG, so sind bei der Kostenaufteilung und -verrechnung nur mehr dessen Bestimmungen anzuwenden. Auch die Wohnungseigentümer können daher keine abweichende Vereinbarung treffen. Das HeizKG gilt für Aufteilung und Abrechnung der Heiz- und Warmwasserkosten, gegebenenfalls auch der Versorgungskosten für Kälte

- in Gebäuden mit mindestens vier Nutzungsobjekten,
- die an eine gemeinsame Versorgungsanlage für Wärme, Warmwasser oder Kälte angeschlossen und
- mit Vorrichtungen zur Ermittlung der Verbrauchsanteile der Nutzungsobjekte ausgestattet sind (oder auszustatten wären, was erst in einem eigenen Verfahren zu prüfen ist).

Unter Versorgungskosten werden zusammengefasst:

- Energiekosten (Gas, Öl, Strom für Umwälzpumpe etc.)
- sonstige Betriebskosten (Kosten der Wartung und Betreuung der Anlage; Kosten des Ersatzes von Verschleißteilen, auch bei Messvorrichtungen; Kosten der Abrechnung)

Bei einer Wärme- oder Kälteversorgung, deren Ursprung nicht im selben Gebäude liegt, insbesondere bei Fernwärme, gelten die vertraglich vereinbarten oder behördlich festgesetzten Preise als Heiz- und Warmwasserkosten. Die Verteilung der Heiz- und Warmwasserkosten wird innerhalb eines vorgegebenen Rahmens durch einstimmige Vereinbarung zwischen Betreiber und Abnehmer festgelegt – wenn es zu Unstimmigkeiten kommt, auch durch eine Entscheidung im Außerstreitverfahren. Kommen derartige Vereinbarungen nicht zustande, so sieht die gesetzliche Regelung folgende Aufteilungen vor: Mindesten 50 vH der Kosten, aber höchsten 70 vH der Kosten sind der Heizung und der jeweilige Rest dem Warmwasser zuzuordnen.

Die Energiekosten sind zu mindestens 55 Prozent und höchstens 85 Prozent nach Verbrauchsanteilen, der Rest nach der versorgbaren Nutzfläche (auch hinsichtlich des Warmwassers!) aufzuteilen. Die sonstigen Kosten richten sich nach der versorgbaren Nutzfläche.

Für die Kostentragung sieht das HeizKG vor, dass nach einer Abrechnungsperiode der auf den einzelnen Wärmeabnehmer entfallende Saldo nachzuzahlen bzw. gutzuschreiben ist. Ein Übertrag auf das Folgejahr ist nicht möglich. Kommt es innerhalb eines Abrechnungszeitraumes zu einem Wechsel des Wärmeabnehmers, etwa durch einen Wohnungsverkauf, so ist eine Zwischenabrechnung vorzunehmen.

Nach einer Abrechnungsperiode heißt es nachzahlen oder Überschüsse gutschreiben

Ist das Heiz- und Kältekostenabrechnungsgesetz nicht anzuwenden, z.B. in einem Altbau, so gelten die allgemeinen Verteilungsgrundsätze, wie bereits für alle Aufwendungen beschrieben. Bei Wärmeverträgen mit Dritten (Fernwärme) gelten ausschließlich die darin enthaltenen vertraglichen Bestimmungen.

Erträgnisse der Liegenschaft

Einnahmen aus der Vermietung von Wohnungen, sonstigen Räumlichkeiten und Kfz-Abstellplätzen, an denen Wohnungseigentum besteht, gehören den jeweiligen Wohnungseigentümern.

Bei sogenannten gemischten Häusern sieht die Übergangsregelung vor, dass Einnahmen aus der Vermietung von Wohnungen und sonstigen selbstständigen Räumlichkeiten, an denen kein Wohnungseigentum besteht, jenen Miteigentümern gehören, mit deren Anteilen kein Wohnungseigentum verbunden ist.

Einnahmen aus der Vermietung von Räumen und Flächen, die nicht zu den beiden bereits genannten Fällen gehören, gebühren allen Wohnungseigentümern nach dem Verhältnis ihrer Anteile. Dazu gehören z.B. Einnahmen aus der Vermietung von Abstellplätzen, die im gemeinsamen Eigentum verblieben sind, oder aus der Vermietung von Fassadenflächen für Werbezwecke. Üblicherweise werden diese Einnahmen der Rücklage gutgeschrieben, wodurch die einzelnen Wohnungseigentümer selbst weniger Rücklagenbeiträge bezahlen müssen.

Vereinbarungen über eine andere Aufteilung der Erträgnisse sind unter folgender Voraussetzung zulässig: Der Ertrag kommt aus Einrichtungen (Anlagen), deren Errichtung nicht von allen Wohnungseigentümern finanziert wurde.

Beispiel. Vor zehn Jahren haben nur fünf von insgesamt zwanzig Wohnungseigentümern die Errichtung einer Garage im Hof finanziert. Damals wurde von allen vereinbart, dass die Einnahmen aus der Garagenvermietung nur diesen fünf Wohnungseigentümern zukommen sollen.

Service

Abkürzungsverzeichnis
Beratung/Adressen
Stichwortverzeichnis

Das A-Blatt ist das Gutsbestandsblatt jeder Grundbuchseinlage. Hier wird die Liegenschaft, ihre Größe und Widmungsart kurz beschrieben. Mit der Begründung von Wohnungseigentum wird hier auch das Wort „Wohnungseigentum" eingetragen.	**A-Blatt**
Allgemeines Bürgerliches Gesetzbuch. Enthält die grundsätzlichen Bestimmungen des Privatrechts. Für den wohnrechtlichen Bereich ist das ABGB nur so weit anwendbar, als die Spezialgesetze keine eigenen Regelungen treffen.	**ABGB**
Außerstreitgesetz. Enthält die verfahrensrechtlichen Bestimmungen zu den Außerstreitverfahren bei den Gerichten.	**AußStrG**
B-Blatt laufende Nummer im Grundbuch. Das B-Blatt ist das Eigentumsblatt jeder Grundbuchseinlage. Jeder Miteigentumsanteil wird mit einer laufenden Nummer erfasst.	**B-LNr.**
Bauträgervertragsgesetz. Darin ist die Absicherung der von Wohnungswerbern geleisteten Zahlungen durch den Bauträger festgeschrieben. Weiters sind grundlegende Vertragsinhalte, Rücktrittsrechte und Gewährleistungsansprüche geregelt.	**BTVG**
C-Blatt laufende Nummer im Grundbuch. Das C-Blatt ist das Lastenblatt jeder Grundbuchseinlage. Jede im Grundbuch eingetragene Belastung wird mit einer laufenden Nummer erfasst und dabei wird ausgewiesen, welchen Miteigentumsanteil die Eintragung belastet.	**C-LNr.**
Europäischer Wirtschaftsraum. Neben allen Mitgliedstaaten der Europäischen Union gehören auch Island, Liechtenstein und Norwegen dazu.	**EWR**
Einlagezahl im Grundbuch. Für jede Liegenschaft (Grundbuchskörper) im Grundbuch besteht eine sogenannte Einlage mit einer Einlagezahl. Die Einlagezahl und die Katastralgemeinde ermöglichen eine eindeutige Zuordnung.	**EZ**
Fern- und Auswärtsgeschäfte-Gesetz. Regelungen für Verträge, die außerhalb der Geschäftsräumlichkeiten abgeschlossen werden.	**FAGG**
Grundbuchsgesetz. Regelt Inhalt und Aufbau der Grundbücher.	**GBG**
Gemeinnützige Bauvereinigung. Damit werden ausschließlich Unternehmen bezeichnet, die nach den Bestimmungen des WGG als gemeinnützig anerkannt wurden. Es handelt sich dabei um Genossenschaften und Kapitalgesellschaften (Aktiengesellschaften und Gesellschaften mit beschränkter Haftung).	**GBV**
Grundstücksnummer. Für jedes Grundstück wird eine Nummer vergeben. Im Regelfall bilden mehrere Grundstücke gemeinsam einen Grundbuchkörper (mit eigener Einlagezahl).	**Gst.-Nr.**
Heizkostenabrechnungsgesetz. Hier sind neben Abrechnungsvorschriften auch die wichtigen Bestimmungen über die Aufteilung der Kosten von zentralen Heizungs- und Warmwasserversorgungsanlagen enthalten.	**HeizKG**

KG Katastralgemeinde im Grundbuch. Gemeinsam mit der Einlagezahl ist eine eindeutige Zuordnung jeder Liegenschaft österreichweit möglich.

KP Kaufpreis

KSchG Konsumentenschutzgesetz

MRG Mietrechtsgesetz. Das wichtigste wohnrechtliche Spezialgesetz, in dem Mieterschutzbestimmungen enthalten sind.

TZ Tagebuchzahl im Grundbuch. Alle Anträge an ein Grundbuch werden mit einer fortlaufenden Zahl, eben der Tagebuchzahl, registriert.

VPI Verbraucherpreisindex. Berechnet und veröffentlicht von der Statistik Austria.

WE Wohnungseigentum

WE-Begründung Wohnungseigentumsbegründung

WE-Bewerber Wohnungseigentumsbewerber

WE-Organisator Wohnungseigentumsorganisator

WE-Zusage Wohnungseigentumszusage

WEG Wohnungseigentumsgesetz. Behandelt die Begründung von Wohnungseigentum und enthält Bestimmungen über die Beziehungen zwischen den Mit- und Wohnungseigentümern einer Liegenschaft.

WGG Wohnungsgemeinnützigkeitsgesetz. Enthält einerseits Bestimmungen zur Anerkennung, Organisation und Geschäftstätigkeit gemeinnütziger Bauvereinigungen, andererseits auch wohnrechtliche Bestimmungen für Mietverhältnisse und Preisbildungsvorschriften beim Verkauf von Wohnungen.

ZPO Zivilprozessordnung. Enthält die allgemeinen Bestimmungen für zivilrechtliche Verfahren bei den Gerichten.

Verein für Konsumenteninformation (VKI)

www.vki.at

www.konsument.at
Online-Ausgabe unseres Testmagazins „KONSUMENT"

www.verbraucherrecht.at
Neuigkeiten aus dem Rechtsbereich für Konsumenten

Telefonische Rechtsberatung Tel. 01 588 770 (Mo – Fr 9 – 13 Uhr)

Für eine persönliche Beratung vereinbaren Sie bitte einen Termin
(Wien, Tel. 01 588 770, Mo – Do 9 – 16 Uhr oder
Innsbruck, Tel. 0512 58 68 78, Mo – Do 8 – 12 Uhr)

Wien
VKI Beratungszentrum, Mariahilfer Straße 81, 1060 Wien
Mo – Do 9 – 16 Uhr
Tel. 01 588 770, E-Mail: konsument@vki.at

VKI Landesstelle Tirol
Maximilianstraße 9, 6020 Innsbruck
Mo – Do 8 – 12 Uhr
Tel. 0512 58 68 78, E-Mail: beratung.tirol@vki.at

Gesamtes Beratungsangebot unter www.vki.at/beratung

Arbeiterkammern

Wien

Bundesarbeitskammer und Kammer für Arbeiter und Angestellte Wien
Prinz-Eugen-Straße 20-22, 1040 Wien
Tel. 01 501 65-0
E-Mail: akmailbox@akwien.at www.arbeiterkammer.at

Burgenland

Kammer für Arbeiter und Angestellte Burgenland
Wiener Straße 7, 7000 Eisenstadt
Tel. 02682 740-0
E-Mail: akbgld@akbgld.at www.bgld.arbeiterkammer.at

Kärnten

Kammer für Arbeiter und Angestellte Kärnten
Bahnhofplatz 3, 9021 Klagenfurt
Tel. 050 477 Fax 050 477-2622
E-Mail: arbeiterkammer@akktn.at www.kaernten.arbeiterkammer.at

Niederösterreich

Kammer für Arbeiter und Angestellte Niederösterreich
AK-Platz 1, 3100 St. Pölten
Tel. 05 7171
E-Mail: mailbox@aknoe.at www.noe.arbeiterkammer.at

Oberösterreich

Kammer für Arbeiter und Angestellte Oberösterreich
Volksgartenstraße 40, 4020 Linz
Tel. 050 69 06-0 Fax 050 69 06-2860
E-Mail: info@ak-ooe.at www.ooe.arbeiterkammer.at

Salzburg

Kammer für Arbeiter und Angestellte Salzburg
Markus-Sittikus-Straße 10, 5020 Salzburg
Tel. 0662 86 87-0 Fax 0662 87 62 58
E-Mail: kontakt@ak-salzburg.at www.sbg.arbeiterkammer.at

Steiermark

Kammer für Arbeiter und Angestellte Steiermark
Hans-Resel-Gasse 8-14, 8020 Graz
Tel. 05 77 99-0 Fax 05 77 99-2387
E-Mail: info@akstmk.at www.stmk.arbeiterkammer.at

Tirol

Kammer für Arbeiter und Angestellte Tirol
Maximilianstraße 7, 6010 Innsbruck
Tel. 0800 22 55 22 Fax 0512 53 40-1208
E-Mail: innsbruck@ak-tirol.com www.tirol.arbeiterkammer.at

Vorarlberg

Kammer für Arbeiter und Angestellte Vorarlberg
Widnau 2-4, 6800 Feldkirch
Tel. 050 258-0 Fax 050 258-1001
E-Mail: kontakt@ak-vorarlberg.at www.vbg.arbeiterkammer.at

Neben dem VKI und den Arbeiterkammern bieten auch die meisten Mieterorganisationen Beratungen für Wohnungseigentümer und WE-Bewerber an.

Gemeinschaft der Wohnungseigentümer

Gemeinschaft der Wohnungseigentümer (GdW)
Postadresse: Kampfstraße 20, 1140 Wien
Tel. 0664 214 91 75 (Mo, Mi 16 – 18.30 Uhr)
Fax 01 504 20 78
E-Mail: beratung@gdw.at oder info@gdw.at www.gdw.at

Mietervereinigung Österreichs

Zentrale: Reichsratsstraße 15, 1010 Wien
Tel. 050 195-3000 Fax: 050 195-93000
E-Mail: zentrale@mietervereinigung.at www.mietervereinigung.at

Mieterschutzverband Österreich

Zentrale: Döblergasse 2, 1070 Wien
Tel. 01 523 23 15
www.mieterschutzverband.at

Österreichischer Mieter- und Wohnungseigentümerbund

Zentrale: Lichtenfelsgasse 7, 1010 Wien
Tel 01 512 53 60 Fax 01 512 53 60 10
E-Mail: service@mieterbund.at www.mieterbund.at

Experten für die Bausubstanz eines Hauses

Nur Experten können die Bausubstanz eines Hauses tatsächlich beurteilen. Besonders bei Wohnungen aus dem Althausbestand ist es in vielen Fällen ratsam, vor dem Kauf einen Spezialisten beizuziehen.

Bundeskammer der Architekten und Ingenieurkonsulenten
Karlsgasse 9/2, 1040 Wien
Tel. 01 505 58 07 Fax 01 505 32 11
E-Mail: office@arching.at www.arching.at
(mit weiterführenden Links zu den Länderkammern)

Bundesinnung der Baugewerbe
Schaumburgergasse 20/8, 1040 Wien
Tel. 05 90 900 5222 E-Mail: office@bau.or.at www.bau.or.at
(mit weiterführenden Links zu den Landesinnungen)

Bundesinnung der Immobilien- und Vermögenstreuhänder
Wiedner Hauptstraße 57, 1040 Wien
Tel. 05 90 900 5522 E-Mail: office@wkimmo.at www.wkimmo.at
(mit weiterführenden Links zu den Landesinnungen)

Sachverständige

Eine Liste aller Gerichtssachverständigen finden Sie auf der Seite des Bundesministeriums für Justiz
https://justizonline.gv.at

Rechtsanwälte

Österreichischer Rechtsanwaltskammertag
Wollzeile 1 – 3, 1010 Wien
Tel. 01 535 12 75-0 Fax 01 535 12 75-13
E-Mail: rechtsanwaelte@oerak.or.at www.rechtsanwaelte.at
(mit weiterführenden Links zu den Länderkammern)

Notare

Österreichische Notariatskammer
Landesgerichtsstraße 20, 1010 Wien
Tel. 01 402 45 09-0 Fax 01 406 34 75
E-Mail: kammer@notar.or.at www.notar.at
(mit weiterführenden Links zu den Länderkammern)

Wohnbauförderungsstellen der Länder

Burgenland

Amt der Burgenländischen Landesregierung
Abt. 3 – Finanzen, Hauptreferat Wohnbauförderung
Europaplatz 1, 7000 Eisenstadt
Tel. 02682 600-2800
E-Mail: post.a9-wbf@bgld.gv.at www.burgenland.at

Kärnten

Amt der Kärntner Landesregierung
Abt. 11 – Zukunftsentwicklung, Arbeitsmarkt und Wohnbau
Mießtaler Straße 1, 9021 Klagenfurt
Tel. 050 536-31002
E-Mail: abt11.wohnbau@ktn.gv.at www.wohnbau.ktn.gv.at

Niederösterreich

Amt der niederösterreichischen Landesregierung
Abt. Wohnungsförderung
Landhausplatz 1, 3109 St. Pölten
Tel. 02742 22133
E-Mail: post.f2auskunft@noel.gv.at www.noe.gv.at

Oberösterreich

Amt der oberösterreichischen Landesregierung
Landhausplatz 1, 4021 Linz
Tel. 0732 77 20-0
E-Mail: post@ooe.gv.at www.land-oberoesterreich.gv.at

Salzburg

Amt der Salzburger Landesregierung
Abt. 10 – Wohnungswesen
Fanny-von-Lehnert-Straße 1, 5020 Salzburg
Tel. 0662 80 42-3000
E-Mail: wohnbaufoerderung@salzburg.gv.at www.salzburg.gv.at www.sir.at

Steiermark

Amt der steiermärkischen Landesregierung
A15 – Wohnbauförderung
Landhausgasse 7, 8010 Graz
Tel. 0316 877-3713
E-Mail: wohnbau@stmk.gv.at www.wohnbau.steiermark.at

Tirol

Amt der Tiroler Landesregierung
Abt. Wohnbauförderung
Eduard-Wallnöfer-Platz 3, 6020 Innsbruck
Tel. 0512 508-2732
E-Mail: wohnbaufoerderung@tirol.gv.at
www.tirol.gv.at/bauen-wohnen/wohnbaufoerderung

Vorarlberg

Amt der Vorarlberger Landesregierung
Abt. IIId – Wohnbauförderung
Landhaus, 6901 Bregenz
Tel. 05574 511-8080
E-Mail: wohnen@vorarlberg.at www.vorarlberg.at

Wien

Magistrat der Stadt Wien
Magistratsabteilung 50
Muthgasse 62, 1194 Wien
Tel. 01 4000-74 498 Fax 01 4000-997544
E-Mail: post@ma50.wien.gv.at www.wien.gv.at www.wohnfonds.wien.at

Infos zu Gemeinsam Bauen

Initiative Gemeinsam Bauen & Wohnen
kontakt@inigbw.org www.inigbw.org

Die WoGen – Wohnprojekte-Genossenschaft e. Gen.
Krakauerstraße 19/18, 1020 Wien
office@diewogen.at www.diewogen.at

Interessante Links zu Wohnen und Recht

Der Amtshelfer im Internet
www.help.gv.at

Parlament
www.parlament.gv.at
Parlamentarische Materialien und Gesetzesinitiativen

Bundes- und Landesgesetze im Internet
www.ris.bka.at

Gerichtsentscheidungen
www.ris.bka.gv.at/jus
www.ogh.gv.at
www.vfgh.gv.at
www.vwgh.gv.at

Fair (ver)mieten, 4. Auflage

Alle grundsätzlichen Informationen zum komplizierten österreichischen Mietrecht: für Vermieter, die an einem fairen Interessenausgleich interessiert sind, aber auch für Mieter, die wissen möchten, was sie sich von ihrem Vermieter erwarten dürfen.

ISBN 978-3-99013-086-5
160 Seiten, brosch., € 19,90

Weitere KONSUMENT-Bücher
im Buchhandel oder im Online-Shop auf www.konsument.at

Mietrecht in Österreich, 7. Auflage

Alle Infos zu den Themen verschiedene Mietverhältnisse, unterschiedliche Mietzinse, Wohnungssuche, Mietverträge, Befristungen, Betriebskosten und auch Rechtsdurchsetzung. Völlig neu überarbeitet und auf dem neuesten Stand des Mietrechtsgesetzes.

ISBN 978-3-99013-070-4
184 Seiten, Flexcover, € 19,90

Weitere KONSUMENT-Bücher
im Buchhandel oder im Online-Shop auf www.konsument.at